Doce sermones
relevantes de la
Carta a los Hebreos

JESÚS, NUESTRO HOMBRE EN GLORIA

A. W. Tozer

CASA CREACIÓN

Para vivir la Palabra

Para vivir la Palabra

MANTÉNGANSE ALERTA;
PERMANEZCAN FIRMES EN LA FE;
SEAN VALIENTES Y FUERTES.
—1 CORINTIOS 16:13 (NVI)

Jesús, nuestro hombre en gloria por A. W. Tozer
Publicado por Casa Creación
Miami, Florida
www.casacreacion.com
©2020 Derechos reservados

ISBN: 978-1-941538-87-6
E-book ISBN: 978-1-941538-88-3

Desarrollo editorial: *Grupo Nivel Uno, Inc.*
Diseño interior: *Grupo Nivel Uno, Inc.*

Publicado originalmente en inglés bajo el título:
Jesus, Our Man In Glory
© 1987 por The Moody Institute of Chicago
820 N. LaSalle Blvd., Chicago, IL 60610.
Translated and printed by permission. All rights reserved.

Impreso en Colombia

21 22 23 24 25 LBS 9 8 7 6 5 4 3 2 1

CONTENIDO

Introducción 5

1. Jesús, nuestro Hombre en gloria 7

2. Jesús, la revelación final de Dios 21

3. Jesús, heredero de todas las cosas 33

4. Jesús, la fiel imagen de Dios 43

5. Jesús, Señor de los ángeles 57

6. Jesús, estandarte de justicia 69

7. Jesús, el Verbo eterno 81

8. Jesús, el que cumple las promesas de Dios 93

9. Jesús, tal cual Melquisedec 105

10. Jesús, el rostro de un solo Dios 117

11. Jesús, mediador de un nuevo pacto 129

12. Jesús, cumplimiento de la sombra 139

INTRODUCCIÓN

Aquellos que escucharon a Aiden Wilson Tozer únicamente en las populares conferencias bíblicas, a mediados del siglo veinte, lo consideraban un predicador de actualidad que se ocupaba principalmente de pasajes bíblicos notables.

Los miembros y las personas que asistían a las congregaciones que pastoreó, en Chicago y Toronto, sabían eso mejor que nadie. Aguardaban y atesoraban su predicación pastoral domingo a domingo, mes tras mes, año tras año. Sus sermones constituían una fuente de inspiración a la cual acudir con el fin de examinar en detalle el profundo mensaje de las Escrituras como la expresión fehaciente de Dios revelada en su Palabra. Lo consideraban un expositor preclaro de las Sagradas Escrituras.

Mientras estuvo ejerciendo su extensa labor pastoral en Chicago, el doctor Tozer sintió que estaba «bastante cómodo» en cuanto a sus conocimientos acerca del Evangelio de Juan, pues había estado predicando sobre el libro por más de dos años. Eso lo inquietó. No obstante dedicaba también su atención y estudio a los otros libros de la Biblia. Su investigación y análisis intensivo de las Escrituras lo llevaron a un grado de conocimiento bíblico extraordinario.

En Toronto, por ejemplo, su congregación pronto descubrió que la insistente e incisiva predicación de su pastor era un método cultivado por él mismo, por medio del cual exponía poderosas enseñanzas bíblicas. Se podría afirmar que fue un autodidacta de alto nivel especializado en la Palabra de Dios. No mucho antes de su muerte en 1963, A. W. Tozer completó una serie de cuarenta sermones sobre el Libro de Hebreos que predicaba los domingos por la mañana. Cuando dio inicio a la serie, les dejó en claro a sus oyentes que las glorias eternas de Jesucristo, el Hijo de Dios, resplandecerían en cada exposición de la Palabra.

Como dato curioso acerca de la personalidad de Aiden Wilson Tozer, un día dijo que estaba en desacuerdo con el comentario de un compañero de ministerio que expresó, con cierta arrogancia, que «la mayoría de la gente considera la Epístola a los Hebreos como un material bastante aburrido».

Los doce capítulos de este libro acerca de la Epístola a los Hebreos constituyen un registro de sus hallazgos. Claramente, tenía razón. La persona y la gloria de Jesucristo brillan en cada parte de esta inspirada Carta a los Hebreos.

Gerald B. Smith

CAPÍTULO 1

JESÚS, NUESTRO HOMBRE EN GLORIA

¿Ha escuchado algún sermón últimamente acerca de la verdad bíblica de que nuestro Señor y Salvador resucitado es ahora nuestro Hombre y Mediador glorificado? ¿Y que está sentado a la diestra de la Majestad en los cielos?

Pocos cristianos son plenamente conscientes del oficio de Sumo Sacerdote que desempeña Cristo en el trono. Sospecho que este es un tema abandonado en la predicación y la enseñanza evangélicas. Sin embargo, es un argumento muy importante en la Carta a los Hebreos. La enseñanza es clara: Jesús está allí, resucitado y glorificado, a la diestra de la Majestad en las alturas —en las regiones celestes, para mayor exactitud—, representando a los creyentes hijos de Dios, su iglesia en la tierra.

A continuación veamos uno de los grandes estímulos bíblicos que nos motivan a reconocer a Jesús y a confiar en él así como también en su ministerio sacerdotal a favor de nosotros:

Por lo tanto, ya que en Jesús, el Hijo de Dios, tenemos un gran sumo sacerdote que ha atravesado los cielos, aferrémonos a la fe que profesamos. Porque no tenemos un sumo sacerdote incapaz de compadecerse de nuestras debilidades, sino uno que ha sido tentado en todo de la misma manera que nosotros, aunque sin pecado. Así que acerquémonos confiadamente al trono de la gracia para recibir misericordia y hallar la gracia que nos ayude en el momento que más la necesitemos.

—HEBREOS 4:14-16

Las Escrituras nos aseguran que hay un verdadero tabernáculo, un verdadero santuario en el cielo. Jesús, nuestro gran Sumo Sacerdote, está allí ocupado intercediendo por nosotros. En ese santuario celestial hay un altar continuo y eficaz. Hay un propiciatorio. Lo mejor de todo es que nuestro Mediador y Defensor está ahí actuando a favor de los que lo seguimos. ¡Qué verdad tan maravillosa!

Extraordinaria afirmación y, sin embargo, cuán difícil nos parece comprenderla y vivir por ella. A la luz de la misericordiosa revelación de Dios, solo puedo preguntar con humildad e inquietud: «¿Por qué somos tan ineficaces al representar a Cristo? ¿Por qué somos tan apáticos al vivir para él y glorificarlo?».

Todo acerca de Jesús es glorioso

Es bueno para nosotros confesar a menudo que todo lo que el Padre ha revelado acerca de Jesucristo es glorioso. Su pasado —como lo podemos recordar, en términos humanos— es glorioso, porque él hizo todas las cosas que existen. Su obra en la tierra como Hijo del Hombre fue gloriosa, porque llevó a cabo el plan de salvación a través de su ministerio, su muerte y su resurrección. Luego ascendió a los lugares celestiales para desarrollar su ministerio mediador a lo largo de esta era presente.

En vista de lo que las Escrituras nos dicen acerca de Jesús, nuestro principal interés y preocupación debería ser mostrar las glorias eternas de aquel que es nuestro divino Salvador y Señor.

En nuestro mundo hay docenas de modificaciones al verdadero cristianismo, todas diferentes. Ciertamente, muchos de los que promueven eso no parecen disfrutar ni gozarse en proclamar las exclusivas glorias de Jesucristo como el Hijo eterno de Dios. Algunas «marcas» de cristianismo le dirán con vehemencia que solo están tratando de hacer un poco de bien a favor de las personas desamparadas y las causas abandonadas. Otros afirmarán que podemos hacer más bien uniéndonos al «diálogo contemporáneo» que si continuamos proclamando la «antigua y pasada de moda historia de la cruz».

Sin embargo, apoyamos a los primeros apóstoles cristianos. Creemos que toda proclamación cristiana debe ser para la gloria y alabanza de aquel a quien Dios resucitó después de haber vencido los dolores de la muerte. Me alegra identificarme con Pedro y el mensaje que proclamó en Pentecostés:

> Pueblo de Israel, escuchen esto: Jesús de Nazaret fue un hombre acreditado por Dios ante ustedes con milagros, señales y prodigios, los cuales realizó Dios entre ustedes por medio de él, como bien lo saben. Este fue entregado según el determinado propósito y el previo conocimiento de Dios; y, por

medio de gente malvada, ustedes lo mataron, clavándolo en la cruz. Sin embargo, Dios lo resucitó, librándolo de las angustias de la muerte, porque era imposible que la muerte lo mantuviera bajo su dominio.

—HECHOS 2:22-24

Pedro consideró de suma importancia afirmar que el Cristo resucitado ahora está exaltado a la diestra de Dios. Dijo que ese hecho era la razón que desencadenó la venida del Espíritu Santo. Debo ser franco, estoy demasiado ocupado sirviendo a Jesús como para dedicar mi tiempo y mis energías a entablar un diálogo contemporáneo.

Tenemos una comisión del cielo

Creo que sé con exactitud lo que significa la expresión «diálogo contemporáneo». Eso tiene que ver con todos esos «predicadores intelectuales» —que abundan por ahí— que se la pasan ocupados leyendo las revistas noticiosas —analizando las últimas noticias que aparecen en sus celulares o investigando en sus computadoras— con el objeto de poder comentar acerca de la situación local o mundial relacionando algo de ello con un pasaje bíblico que encaje con sus exposiciones para emplearlas en sus púlpitos los domingos por la mañana. Pero, por mi parte, eso no es a lo que Dios me llamó. Él me llamó a predicar, a difundir, a proclamar las glorias de Cristo. Me encargó que le dijera a mi pueblo que debe seguir las pisadas de su Hijo Jesús, que hay un reino en el que nos espera —su reino— y un trono en los cielos en el que está sentado. Y que tenemos a Uno de los nuestros representándonos allí.

Eso es lo que entusiasmaba a la iglesia primitiva. Y creo que nuestro Señor puede tener motivos para preguntarse por qué eso ya no nos emociona tanto. La iglesia cristiana del primer siglo ardía en llamas con ese concepto del Cristo resucitado y victorioso exaltado a la diestra del Padre. Aunque esa iglesia no adoraba a ningún hombre, el Padre instó a adorar a este Hombre glorificado y exaltado como Dios, porque siempre había sido el Hijo eterno, la segunda Persona de la Trinidad. Debido a ello, Pablo le escribió a Timoteo lo que sigue:

> Porque hay un solo Dios y un solo mediador entre Dios y los hombres, Jesucristo hombre, quien dio su vida como rescate por todos. Este testimonio Dios lo ha dado a su debido tiempo.
>
> —1 TIMOTEO 2:5-6

Considere junto conmigo algunas de las cosas que sabemos acerca del sacerdocio por el cual Dios ungió a nuestro Señor Jesús. Jesús no solo es el Hijo eterno, sino que también es el Hombre glorificado. ¿Por qué deberíamos ignorar la realidad de tal sacerdocio y tratarlo como si fuera una modalidad o apéndice de la liturgia o las tradiciones religiosas?

El sacerdocio en el Antiguo Testamento

La verdadera idea del sacerdocio, tal como fue desarrollada en el Antiguo Testamento y cumplida por nuestro Señor Jesucristo, fue ordenada por Dios. Surgió de su mente y su corazón. Ese sacerdocio fue vagamente previsto en la vida de los padres y los jefes de familia que oraban, que asumían la responsabilidad de llevar adelante sus familias y se preocupaban por ellas. Job fue un buen ejemplo de ese tipo de sacerdote familiar del Antiguo Testamento. Como temía que sus hijos pudieran cometer pecado, el justo Job oraba a Dios constante e intensamente pidiéndole que los perdonara y los limpiara. No obstante, el concepto está mucho más claramente encarnado en el sacerdocio levítico, ordenado por Dios para el perdón y la limpieza de Israel. Sin embargo, al tiempo que Dios determinó, nos reveló el sacerdocio —a un grado de perfección definitiva— en la persona de Jesucristo, nuestro Señor.

Por lo tanto, debemos reconocer que el concepto divino del sacerdocio surgió por la alienación del hombre con respecto a Dios. Debemos entender que el sacerdocio se basa en el hecho de que el hombre se ha apartado de Dios y está perdido. Esta es una parte fundamental de la verdad, tan cierta como que el hidrógeno es parte del agua. No se puede tener agua sin hidrógeno. Con la misma certeza puedo afirmar que no se puede tener la verdad bíblica sin la enseñanza de que la humanidad ha roto con Dios y ha caído de su primer estado creado, cuando fue hecho a la imagen de Dios.

El concepto y las instrucciones de Dios son muy claros. Se ha abierto una brecha moral. El hombre pecador ha violado las leyes de Dios. Su vida caótica lo ha llevado a ser un violador de las leyes divinas. En otras palabras, el hombre es un criminal, un delincuente moral ante el tribunal de Dios. Está claro en la Biblia que el pecador —hombre o mujer— no puede volver al favor y a la comunión con Dios hasta que se satisfaga la justicia, hasta que se cierre la brecha.

En un esfuerzo por curar esa brecha, el hombre ha utilizado muchas sutilezas, métodos y racionalizaciones. Pero puesto que rechaza la cruz de Cristo, dado que refuta el plan de salvación de Dios y, además de eso, objeta la muerte y la resurrección de Cristo como base para la expiación, pierde la oportunidad para obtener redención. Dadas esas condiciones, la reconciliación es imposible.

Por ello debo decir que es parte de mi llamamiento y mi responsabilidad ministerial advertir tanto a los hombres como a las mujeres que el rechazo a la obra expiatoria de Jesucristo es mortal para el alma. Es como un suicidio. Debo decir con tristeza que, ante tal rechazo, los esfuerzos del Salvador y su intercesión como gran Sumo Sacerdote carecen de efecto redentor.

El hombre tiene la culpa

La enajenación humana no fue culpa de Dios. Fue el hombre quien se enajenó. El hombre está lejos de Dios, como una pequeña isla que yace lejos del continente. A la distancia, mar adentro, esa isla no disfruta de los beneficios de ser parte de lo que llamamos tierra firme. Eso es lo que ocurre con el hombre alejado de Dios. El hombre se ha apartado moralmente de Dios y de los beneficios de la comunión con Dios. El hombre está alienado, sin esperanza y sin Dios en este mundo.

Sin embargo, hay un elemento importante que yace en el concepto de sacerdocio y que Dios proveyó: la mediación. El sacerdote del Antiguo Testamento proporcionaba un medio de reconciliación entre Dios y el hombre. Pero tenía que ser ordenado por Dios. De lo contrario, era un falso sacerdote. Para ayudar al hombre, tenía que ser designado por Dios.

Dios, por su parte, no necesita ayuda de ningún tipo. No existió un solo sacerdote del Antiguo Testamento que pudiera ayudar a Dios. El trabajo del sacerdote era ofrecer un sacrificio, una expiación, para que el hombre alienado pudiera ser perdonado y limpiado. De acuerdo al orden levítico, el sacerdote tenía que hacer una ofrenda a Dios en nombre del pecador. El sacerdote era designado para defender el caso del hombre ante Dios, que es justo.

Ese antiguo sistema sacerdotal no era perfecto. Solo era la sombra de un sacerdocio perfecto y eterno que iba a realizar el Salvador y Sacerdote: Jesucristo, el Hijo eterno. Todo sacerdote de la orden de Leví conocía demasiado bien su propio pecado. Ese era el punto de quiebre. Cuando ese sacerdote se presentaba ante Dios en el Lugar Santísimo para presentar una expiación por los pecados del pueblo, también se encontraba cara a cara con la realidad de sus propios fracasos y deficiencias.

En la actualidad, podemos reconocer lo que eso significa para nosotros como creyentes liberados y perdonados. Cuando cantamos el himno «Cristo, el Cordero celestial», de Isaac Watts —con más de setecientos cincuenta himnos compuestos—, nos deleitamos en la expiación de Cristo y el perdón de Dios:

> Ni una gota de sangre de todas las bestias
>   sacrificadas en los altares judíos,
> podría dar paz a la conciencia culpable
>   ni lavar la mancha del pecado.
> Pero Cristo, el Cordero celestial,
>   quita todos nuestros pecados;
> el sacrificio del hombre más noble
>   cuya sangre limpia de todo pecado.

El sacerdote del Antiguo Testamento sabía que el ritual del sacrificio no podía expiar completamente los pecados ni cambiar la naturaleza pecaminosa del ser humano. En ese sistema sacerdotal, Dios «cubrió» el pecado hasta el momento en que Cristo se manifestó en carne. Cristo, el Cordero de Dios, quitaría completamente el pecado del mundo. Jesús, nuestro Señor calificado completamente para ser nuestro gran Sumo Sacerdote fue ordenado y designado por Dios. Él era el Hijo eterno de quien el Padre dijo: «Tú eres sacerdote para siempre» (Salmos 110:4). Él hizo posible el acercamiento del hombre a Dios, la reconciliación del hombre con Dios. Cristo restableció la comunión de la criatura con su Creador. Jesucristo fue el único que mostró una compasión genuina por la humanidad perdida. Las Escrituras afirman que, con estas cualidades como sacerdote, Jesús nuestro Señor se convirtió en el Autor, la Fuente, el Dador y Consumador de la salvación eterna.

Lo que la humanidad de Jesús significa para nosotros

Permítame repasar de nuevo lo que significa para nosotros el hecho de que Jesús nació en este mundo y vivió entre nosotros. Una vez escuché a un predicador decir que Jesús era un hombre pero que, a pesar de ello, no era humano. No obstante estoy convencido de que Jesús era hombre y también humano. Tenía, en el sentido más estricto de la palabra, esa sustancia y cualidad que es la esencia de la humanidad. Era un hombre nacido de mujer.

A menos que entendamos esto, no creo que podamos ser plenamente conscientes de lo que significa que Jesús nos represente y menos aun que sea el Hombre que nos representa a la diestra de la Majestad en los cielos. Supongamos que usted y yo pudiéramos ir en este momento a la presencia del Padre. Si pudiéramos ver al Espíritu —que es Dios—, a los arcángeles, a los serafines y a las extrañas criaturas de fuego, los veríamos rodeando el trono. Pero para nuestro deleite y asombro, también veríamos a un Hombre allí, un humano como nosotros: el propio ¡Jesucristo Hombre!

Jesús el Hombre, que también es Dios, fue resucitado como vencedor de entre los muertos y exaltado a la diestra del Padre. Creo que es seguro decir que durante esta era de trabajo y testimonio de la iglesia cristiana en la tierra, Jesús es el único Hombre visible en esa compañía celestial que está en el trono de Dios.

Por supuesto, hay preguntas que los estudiantes de la Biblia han discutido durante muchos años. Todos hacemos bien en confesar que gran parte del glorioso reino de Dios aún nos es desconocido y, más aun, en este mundo presente no se puede comprender. Por ejemplo, ¿qué decir de los justos muertos y su posición en los lugares celestiales?

Podríamos formular nuestra pregunta de esta manera: Si Jesús resucitado y glorificado está ministrando allí, ¿qué pasa con el gran número de hombres y mujeres cristianos que, habiendo muerto en la fe, han ido al encuentro del Señor? ¿Dónde están?

En primer lugar, y más allá de cualquier otra consideración, sabemos que están protegidos con seguridad en el reino celestial de Dios. El apóstol Pablo declara que es «mucho mejor» para el cristiano «partir y estar con Cristo» (Filipenses 1:23) que continuar en este mundo de pecado y lágrimas.

Al momento de morir, el cuerpo físico es lo único que sucumbe. Para los creyentes en Cristo, sus espíritus inmortales han pasado a una morada espiritual bendecida y preparada por nuestro Dios. Debemos tener la seguridad de que Dios siempre es fiel al plan de gracia que se reserva para su creación y para sus hijos redimidos.

Sabemos con certeza que no todas las cosas van a continuar para siempre como las conocemos ahora. Pablo, en el primer siglo, escribió consejos de aliento a los creyentes en la fe de Jesucristo, entre ellos a los tesalonicenses. A estos, en particular, les dijo —de manera clara— que no quería que ignoraran el estado de aquellos creyentes a quienes describió como «dormidos», que habían pasado a la presencia del Señor a través de la muerte física. Su mensaje fue una palabra especial de consuelo. Mensaje que sigue resplandeciendo como palabra de esperanza para todo creyente:

¿Acaso no creemos que Jesús murió y resucitó? Así también Dios resucitará con Jesús a los que han muerto en unión con él. Conforme a lo dicho por el Señor, afirmamos que nosotros, los que estemos vivos y hayamos quedado hasta la venida del Señor, de ninguna manera nos adelantaremos a los que hayan muerto. El Señor mismo descenderá del cielo con voz de mando, con voz de arcángel y con trompeta de Dios, y los muertos en Cristo resucitarán primero. Luego los que estemos vivos, los que hayamos quedado, seremos arrebatados junto con ellos en las nubes para encontrarnos con el Señor en el aire. Y así estaremos con el Señor para siempre. Por lo tanto, anímense unos a otros con estas palabras.

—1 Tesalonicenses 4:14-18

Es claro que nuestro Dios creador y Redentor todavía tiene muchos secretos del reino que no nos ha revelado. No obstante, estamos conscientes de que en ese día feliz de la venida de Cristo habrá grandes transformaciones, ocurriendo —todas— a la velocidad de una fracción de segundo. Con respecto a esos grandes cambios, Pablo escribió a los cristianos de Corinto:

> Seremos transformados, en un instante, en un abrir y cerrar de ojos, al toque final de la trompeta. Pues sonará la trompeta y los muertos resucitarán con un cuerpo incorruptible, y nosotros seremos transformados. Porque lo corruptible tiene que revestirse de lo incorruptible, y lo mortal, de inmortalidad.
>
> —1 CORINTIOS 15:51-53

Pablo usó la reconocida analogía de la vida vegetal para describirles a los corintios la realidad de la resurrección prometida:

> ¡Qué tontería! Lo que tú siembras no cobra vida a menos que muera. No plantas el cuerpo que luego ha de nacer, sino que siembras una simple semilla de trigo o de otro grano. Pero Dios le da el cuerpo que quiso darle, y a cada clase de semilla le da un cuerpo propio ... Así sucederá también con la resurrección de los muertos. Lo que se siembra en corrupción resucita en incorrupción; lo que se siembra en oprobio resucita en gloria; lo que se siembra en debilidad resucita en poder; se siembra un cuerpo natural, resucita un cuerpo espiritual. Si hay un cuerpo natural, también hay un cuerpo espiritual ... Y, así como hemos llevado la imagen de aquel hombre terrenal, llevaremos también la imagen del celestial ... Cuando lo corruptible se revista de lo

incorruptible, y lo mortal, de inmortalidad, entonces se cumplirá lo que está escrito: «La muerte ha sido devorada por la victoria».

—1 CORINTIOS 15:36-38, 42-44, 49, 54

Con toda seguridad que fue esta misma revelación del Espíritu de Dios lo que hizo que el escritor Judas exclamara:

¡Al único Dios, nuestro Salvador, que puede guardarlos para que no caigan, y establecerlos sin tacha y con gran alegría ante su gloriosa presencia, sea la gloria, la majestad, el dominio y la autoridad, por medio de Jesucristo nuestro Señor, antes de todos los siglos, ¡ahora y para siempre! Amén.

—JUDAS 24-25

Descansamos confiados en la revelación de Dios de que en el mundo celestial de hoy, Jesús —en su cuerpo glorificado— nos representa en el trono de Dios. Cada uno de nosotros que lo ama y le sirve tiene derecho a recibir las grandes promesas de las Escrituras. En ese gran y culminante acontecimiento de las edades, nuestro Señor vendrá y todos seremos transformados. Él nos presentará ante el trono eterno con un gozo inmenso, ¡glorificado como lo es él! Trono en el que está Jesucristo, nuestro Hombre en gloria.

CAPÍTULO 2

JESÚS, LA REVELACIÓN FINAL DE DIOS

No habla muy bien de nuestro testimonio cristiano el hecho de que Dios nos diga que ha enviado a su Hijo para que sea su revelación final en este mundo y, no obstante, ¡nos aburrimos con eso! Qué gran gesto de gracia fue ese por parte de Dios. Ese mismo Dios vivo y creador continúa hablando a los hombres y mujeres de una raza perdida:

> Dios, que muchas veces y de varias maneras habló a nuestros antepasados en otras épocas por medio de los profetas, en estos días finales nos ha hablado por medio de su Hijo. A este lo designó heredero de todo, y por medio de él hizo el universo.
>
> —Hebreos 1:1-2

Sin embargo, nos deja algunas preguntas por responder. *¿Por qué el cristianismo es tan aburrido, para muchos, en nuestros días? ¿Está Jesucristo muerto todavía?*

«Oh, no», nos apresuramos a responder. «Él es nuestro Salvador resucitado». *¿Es posible, entonces, que haya perdido su poder y su autoridad?* «Por supuesto que no», respondemos. «Él ascendió a la diestra de la Majestad en las alturas». *Entonces, ¿significa eso que nos ha dejado a nuestra suerte? ¿Que tenemos que arreglárnoslas por nuestra propia cuenta?* «No exactamente», respondemos de manera cautelosa. «A decir verdad, no hemos estado en contacto muy cercano con él últimamente, pero se supone que él es nuestro gran Sumo Sacerdote y que está oficiando a favor nuestro en el trono celestial».

La clave de nuestro aburrimiento

Esa debe ser la clave de nuestro aburrimiento con el cristianismo: no nos hemos mantenido en estrecho contacto con el Hombre que tenemos en la gloria. Hemos estado haciendo en nuestras iglesias todas esas cosas litúrgicas que solemos hacer. Hemos hecho todo ello de acuerdo a nuestro propio entendimiento y con nuestras propias energías. Pero sin una confirmación gozosa y consciente de la presencia de Dios, cualquier servicio en la iglesia, en la comunidad y hasta en la intimidad del hogar, puede ser tanto mortal como aburrido.

Vamos a la iglesia y permanecemos aburridos en ella todo el tiempo, aun cuando se supone que deberíamos estar cantando alabanzas a Dios. Y aunque estemos acompañando al coro de voces que adora al Creador, muchas veces lo hacemos pensando en las ocupaciones o distracciones terrenales que no merecen tanta atención nuestra.

Parecemos aburridos porque *estamos* aburridos. Si se supiera la verdad —que nos aburrimos de Dios— seríamos más francos, pero somos demasiado «piadosos» como para admitir tal cosa. Creo que al Señor le encantaría más que el creyente sincero iniciara su oración con un reconocimiento como el siguiente: «Amado Dios, estoy orando porque sé que debo hacerlo, no tengo alternativa; pero la verdad es que no quiero orar. ¡Estoy aburrido de todo esto!».

Dudo que el Señor se enoje con tal clase de sinceridad. Más bien, creo que pensaría algo así: *Bueno, hay esperanza para esa persona. Este individuo está siendo sincero conmigo. La mayoría de la gente está aburrida de mí y no lo admite.*

Algunas personas creen que vivimos en una especie de vacío. Ven la vida como que está transcurriendo en una época en la que Dios ya no se está revelando a los seres humanos. Piensan que estamos es un intervalo entre el tiempo en que Dios habló a la humanidad y el tiempo futuro en el que volverá a manifestarse como un Dios que habla con sus criaturas. ¿Cree usted que esas personas piensan que Dios se ha cansado y que se está tomando un muy prolongado descanso?

Debo responderle que no. El Dios que habló en el pasado todavía habla en la actualidad. Habla a través de la revelación del Cristo resucitado y ascendido, el Hijo eterno. Habla a través de su Espíritu Santo que mora en cada creyente. En toda la historia de los tratos de Dios con el hombre, nunca ha habido un apagón total de la voz de Dios.

Deberíamos estar agradecidos por esta inspirada Carta a los Hebreos, aun cuando desconozcamos el nombre de su autor humano. Esta epístola indica que lo que Dios está diciendo ahora a la humanidad, a través de su Hijo, supera con creces cualquier cosa que se diga a través de la gran diversidad de filosofías humanas que abundan en el mundo de hoy. La Palabra de Dios no es una palabra que apela a la mente ni al raciocinio del hombre. Es una palabra que llega a las fibras del corazón y a lo más profundo del alma. La Epístola a los Hebreos es un libro con un mensaje y una revelación muy bien intencionados. Se erige en lo alto y sublime con fuerza propia puesto que es un retrato apropiado y contundente del Hijo eterno, el gran Sumo Sacerdote de Dios que vive por los siglos de los siglos. Es por eso que me entristece ver gran número de cristianos profesantes que han tratado de estudiar esta carta y finalmente se han rendido. Han abandonado su estudio con un comentario muy humano, afirmando cosas como la que sigue: «Esto es demasiado profundo, demasiado difícil de entender».

Debemos acercarnos a la Palabra con expectación

Siempre he creído que cuando leemos y estudiamos la Palabra de Dios debemos hacerlo con grandes expectativas. Debemos hacerlo esperando la revelación pertinente para el momento apropiado. Debemos pedirle al Espíritu Santo que revele la Persona, la gloria y el ministerio eterno de nuestro Señor Jesucristo. Es probable que el problema nuestro resida en el enfoque que adoptamos. Quizás simplemente sea que hemos leído nuestra Biblia como si fuera una pieza de literatura, un libro de texto o simplemente como un libro de historias que nos entretiene.

En la sociedad actual, un gran número de personas parece incapaz de lidiar con la revelación de Dios en Cristo. Corren y se esconden, tal como lo hicieron Adán y Eva. Hoy, sin embargo, no se esconden detrás de los árboles, sino detrás de cosas como la filosofía y la razón e incluso la teología, ¡lo crea usted o no! Esa actitud es la que verdaderamente es difícil de entender.

A través de la muerte de Jesús por nuestros pecados, Dios nos ofrece mucho más que la oportunidad de escapar de un infierno muy bien merecido. Nos promete un porvenir asombroso, un futuro eterno. No vemos eso ni lo entendemos, como deberíamos, porque hay muchas cosas mal en nuestro mundo y en nuestro interior. Los efectos del pecado nos rodean. Sin embargo, los propósitos eternos de Dios siguen vigentes. A menudo me pregunto si le estamos dejando lo suficientemente claro a nuestra generación que no habrá otra revelación de Dios excepto la que expresa por medio de nuestro Señor Jesucristo.

Si alguna vez hemos confesado que necesitamos un Salvador, esta Carta a los Hebreos debería ser el libro más cautivador y convincente para nosotros. Hebreos es un gran libro, una obra que trata el tema de la redención con énfasis en que todas las cosas en nuestra vida deben comenzar y terminar con Dios. Al estudiar el carácter y los atributos de Dios, descubriremos un hecho importante. Tiempo y espacio, materia y movimiento, vida y ley, forma y orden, todo propósito y todo plan, toda sucesión y toda procesión comienzan y terminan con Dios. Todas las cosas salen de Dios y vuelven a él otra vez.

Oro para que Dios abra nuestros ojos de modo que podamos ver y entender que todo lo que no comienza con Dios ni termina con él, no es digno de atención por parte del hombre creado a imagen de Dios. Fuimos hechos para Dios, para adorarlo, admirarlo, disfrutarlo y servirlo siempre.

Dios siempre nos ha hablado

Cuando el autor de Hebreos escribió que «en estos días finales» Dios estaba hablando a través de su Hijo, estaba recordándonos que durante miles de años Dios había estado hablando en muchas maneras. De hecho, han pasado unos cuatro mil años de historia durante los cuales Dios ha estado hablando a la humanidad. Una humanidad que se separó de Dios, se alejó de él, escondiéndose en el jardín de Edén y manteniéndose de incógnito desde entonces.

Para la mayoría de las personas en el primer siglo de la era cristiana, Dios solo era una tradición. Algunos acariciaban a los dioses creados por el hombre. Otros tenían ciertas ideas acerca de la adoración e incluso construían altares. Aun otros murmuraban encantamientos, repetían mantras y pronunciaban oraciones. Pero, aun así, estaban alejados del Dios verdadero. Aunque fueron creados a la imagen de Dios, rechazaron a su Creador; por lo que sufrieron las consecuencias propias de los mortales.

Esa situación podría haber continuado hasta que el hombre, la naturaleza o ambos fracasaron y dejaron de existir. Pero Dios, en su amor y su sabiduría, se presentó una vez más. Vino a hablar, revelándose esta vez a través de su Hijo eterno. Es debido a la venida de Jesús al mundo que ahora vemos la revelación del Antiguo Testamento como truncada e incompleta. Podríamos decir que el Antiguo Testamento es como una casa sin puertas ni ventanas. Hasta que los carpinteros no pongan las puertas y las ventanas, esa casa no podrá convertirse en una residencia digna y satisfactoria.

Hace años, mi familia y yo disfrutamos de la comunión cristiana con un médico judío que había llegado a los pies de Jesús reconociéndolo como Salvador y Mesías. Me habló, con mucho agrado, acerca de su antigua participación en los servicios sabatinos en la sinagoga. Con cierta frecuencia, le pedían que leyera las Escrituras del Antiguo Testamento.

«A menudo pienso en esos años de lectura del Antiguo Testamento», me dijo entre otras cosas. «Tenía la inquietante idea de que eso era bueno y verdadero. Sabía que explicaba la historia de mi pueblo. Pero tenía la sensación de que faltaba algo». Luego, con una hermosa y radiante sonrisa, agregó: «Cuando encontré a Jesús como mi Salvador y Mesías personal, descubrí que él era aquel a quien el Antiguo Testamento, en efecto, apuntaba. Descubrí que él era la respuesta a mi consumación como judío, como persona y como creyente».

Seamos judíos o gentiles, fuimos creados originalmente a la imagen de Dios, por lo cual la revelación de Dios —por su Espíritu— es una necesidad vital para nosotros. Por tanto, la comprensión de la Palabra de Dios debe provenir del mismo Espíritu que la inspiró.

El propósito de la Carta a los Hebreos

La Epístola a los Hebreos fue escrita para confirmar a los primeros cristianos judíos en su fe en Jesús, el Mesías Salvador. El escritor insiste en el recurrente tema de que Jesucristo es mejor porque, en verdad, es superior. ¡Jesucristo es la definitiva Palabra de Dios!

Esto constituye un mensaje tranquilizador y fortalecedor para nosotros en estos tiempos. El Libro de Hebreos nos hace saber que, si bien nuestra fe cristiana seguramente fue prefigurada y surgió del judaísmo, no fue ni depende del mismo. Las palabras de nuestro Señor Jesucristo, dichas mientras estuvo aquí en la tierra, todavía nos hablan en la actualidad con autoridad espiritual. Por eso, en cierto momento —en su ministerio terrenal—, les recordó a sus discípulos que no se debe poner vino nuevo en odres viejos puesto que —con el uso— pierden la flexibilidad. La parábola era patente: las antiguas formas y tradiciones religiosas nunca podrían contener el vino nuevo que Jesús estaba presentando.

Lo que estaba diciendo Jesús, en realidad, era que existe un abismo inescrutable entre el cristianismo y las antiguas formas de judaísmo. El judaísmo del Antiguo Testamento, con su orden mosaico establecido, apuntaba —de hecho— al cristianismo. Pero, así como el niño progresa hacia la madurez y hacia su independencia, la fe cristiana y el evangelio eran independientes del judaísmo. Aun cuando el judaísmo dejara de existir, el cristianismo —como revelación expresa de Dios— se mantendría; lo cual hace hasta el presente, firmemente basado en su propio y sólido fundamento. El evangelio se apoya sobre el mismo Dios vivo en el que se apoyaba el judaísmo.

Es importante que entendamos que Dios, siendo uno en su naturaleza, siempre puede decir lo mismo a todos los que lo escuchan. No tiene dos mensajes diferentes acerca de la gracia, el amor, la justicia o la santidad. Ya sea del Padre o del Hijo o del Espíritu Santo, la revelación siempre será la misma. Apunta en la misma dirección, aunque utilizando diversas formas, diferentes medios y distintas personas.

Comience en Génesis, continúe por el Antiguo Testamento y siga con el Nuevo, y observará la uniformidad en el desarrollo de los acontecimientos. Sin embargo, hay elementos cada vez más amplios en la revelación de Dios a la humanidad. En los inicios de Génesis, el Señor habló en términos de un Mesías venidero, anunciando una guerra entre la serpiente y la Simiente de la mujer. Él vio al victorioso Campeón Redentor que vendría.

El Señor le habló a Eva, en palabras muy claras, sobre el futuro dolor humano que sufriría en la maternidad y sobre la condición de la mujer en la familia. A Adán, por otra parte, le habló de la maldición que caería sobre el suelo y acerca de la muerte inevitable como resultado de la transgresión que cometieron. A Abel y a Caín les reveló un sistema de sacrificio y, a través de este, un plan de perdón y aceptación. Por otro lado, el mensaje de Dios a Noé fue de gracia y trataba con el orden de la naturaleza y el señorío. A Abraham le dio la promesa de la descendencia venidera, el Redentor que haría expiación por la humanidad. A Moisés, por su parte, le entregó la ley y le contó sobre el Profeta venidero que sería como él y que, sin embargo, sería superior a él. Esos fueron los mensajes hablados por Dios «en el pasado».

El mensaje de Dios para nosotros

Ahora bien, ¿qué le está diciendo Dios a su creación humana en estos días y, particularmente, en esta era? En resumen, lo que Dios está diciendo es: «Jesucristo es mi Hijo amado. ¡Escúchenlo!».

La razón por la que muchos no quieren escuchar lo que Dios está diciendo a través de Jesús a nuestra generación no es difícil de adivinar. El mensaje de Dios en Jesús es un pronunciamiento absolutamente moral. Saca a la luz elementos tales como la fe, la conciencia, la conducta, la obediencia y la lealtad. Hombres y mujeres rechazan este mensaje por la misma razón que han rechazado toda la Biblia. No desean estar bajo la autoridad moral de la Palabra de Dios.

Durante siglos, Dios habló de muchas maneras. Inspiró a hombres santos para que escribieran porciones del mensaje en un libro. A la gente no le agrada eso y hace todo lo posible por evitarlo, aunque Dios lo ha convertido en la prueba final de toda moralidad, la prueba final de toda la ética cristiana. Algunos están en desacuerdo con lo que registra el Nuevo Testamento. «¿Cómo puedes probar que Jesús realmente dijo eso?», preguntan desafiantes. Quizás están en desacuerdo porque se han encontrado con las inolvidables palabras de Jesús en el Evangelio de Juan:

> Si alguno escucha mis palabras, pero no las obedece, no seré yo quien lo juzgue; pues no vine a juzgar al mundo, sino a salvarlo. El que me rechaza y no acepta mis palabras tiene quien lo juzgue. La palabra que yo he proclamado lo condenará en el día final.
>
> —JUAN 12:47-48

Dios es un Dios vivo y Jesucristo —con todo el poder y toda la autoridad— tiene el control, guiando y sustentando todas las cosas en el universo. Este concepto es fundamental para la fe cristiana. Es necesario que comprendamos real y plenamente que nuestro Dios es en verdad la Majestad en los cielos.

Hebreos nos alienta

Podemos obtener esta seguridad en Hebreos al leer el contexto completo del registro inspirado. De manera que cuando tengamos seguridad de ello, habremos descubierto un medio fundamental para conservar la cordura en un mundo atribulado y en una sociedad egoísta.

Si queremos mantener nuestras mentes serenas, debemos pensar en las cosas de Dios; no alejarlo de nuestro mundo, como muchos están tratando de hacer. Le permitiremos, por fe, que more en nuestro ser, que haga de nuestra vida su mundo. Como dice el apóstol Pablo: «Ya no vivo yo, mas Cristo vive en mí» (Gálatas 2:20 RVR1960).

La idea de que Dios existe y que es soberano en los cielos es absolutamente fundamental para la moralidad humana. Nuestra perspectiva de la decencia humana también está involucrada en eso. La decencia es una cualidad que adorna a la conducta de la persona. La decencia humana depende de un concepto adecuado y saludable de Dios.

Aquellos que asumen la posición de que Dios no existe no pueden tener una visión correcta y adecuada de la naturaleza humana. Eso es evidente en la revelación de Dios. No hay hombre ni mujer en ningún lugar que pueda tener una visión adecuada de nuestra naturaleza humana hasta que acepte el hecho de que venimos de Dios y que regresaremos a Él nuevamente.

Nosotros, que hemos admitido a Jesucristo en nuestras vidas como Salvador y Señor, estamos realmente felices de haberlo hecho. En términos de atención médica, estamos familiarizados con la costumbre de buscar siempre una «segunda opinión». Si voy a un médico y me aconseja que me opere, puedo salir de ese consultorio y buscar la opinión de otro especialista sobre mi afección. Con respecto a nuestra decisión de recibir a Jesucristo, ¡seríamos mal aconsejados si alguien nos recomienda que busquemos una segunda opinión! En este caso, Jesucristo es la palabra final de Dios para nosotros. No hay otra alternativa. Dios ha encabezado todo el trabajo redentor en favor nuestro a través de la persona de Jesucristo, el Hijo.

En este tiempo de oscuridad, Dios nos ha dado a Jesús como la Luz del mundo. Aquellos que lo rechazan se entregan a las tinieblas de afuera, las que prevalecerán a través de todas las edades venideras.

Es probable que no nos guste lo que el Gran Médico nos dice acerca de nuestros pecados y de nosotros mismos. Pero, ¿a dónde o a quién más podemos ir? Pedro proporcionó la respuesta a esa pregunta. «Señor —contestó Simón Pedro—, ¿a quién iremos? Tú tienes palabras de vida eterna. Y nosotros hemos creído, y sabemos que tú eres el Santo de Dios» (ver Juan 6:68-69).

Este es el Salvador que Dios está ofreciendo. Él es el Hijo eterno, igual al Padre en su Deidad, coeterno y de una sustancia con el Padre. Jesús nos representa en el trono celestial. En definitiva, él es nuestro Hombre en gloria

Él está hablando. ¡Debemos escucharlo!

CAPÍTULO 3

JESÚS, HEREDERO DE TODAS LAS COSAS

L a rebelión y el pecado han dejado una plaga cruel sobre la tierra que nuestro Dios, con todo amor, creó para el disfrute de sus criaturas. Pero, los que confiamos en ese Dios creador y en la revelación escrita que nos ha dejado, estamos convencidos de dos verdades. La primera de ellas es que el cielo y la tierra son una unidad, diseñada y creada por el único Dios que existe. La segunda verdad es que este Dios soberano no hizo este universo para que fuera una calamidad eterna; por lo tanto, se avecina el día de la restauración de la naturaleza que gime.

Cuando nos acercamos a la Carta a los Hebreos, descubrimos una verdad revelada a causa de la insistencia del escritor en cuanto a que Dios ha designado a Jesús, el Hijo eterno, «a quien constituyó heredero de todas las cosas, por medio de quien hizo también el universo» (1:2 LBLA).

Con esa expresión, el escritor nos pide que ampliemos nuestras mentes y extendamos nuestro entendimiento a otros niveles. Véalo de nuevo: Dios ha designado a su Hijo, nuestro

Señor Jesucristo, «a quien constituyó heredero de todas las cosas, por medio de quien hizo también el universo».

Es probable que en nuestros días no parezca muy importante que Cristo sea el heredero de todas las cosas. Esto se debe a que podemos aplicar nuestro propio y limitado criterio a la frase «todas las cosas». Usamos la expresión para denotar las circunstancias de la vida a medida que surgen, sean fáciles o difíciles, simples o complejas. Pero en estas primeras líneas de la Carta a los Hebreos, el Espíritu Santo está tratando de darnos un significado particular y valioso para «todas las cosas» que están dedicadas a Jesucristo.

«Todas las cosas» es igual al universo

Cuando la frase *todas las cosas* se usa en la Biblia en la forma en que se emplea en este versículo, su significado teológico es equivalente al de la palabra «universo», tal como la emplean los filósofos. Es cierto que este no es un concepto fácil de comprender para nosotros. No estamos acostumbrados a ejercitar nuestras mentes. Los predicadores de nuestra generación nos están fallando. No nos están obligando a estimular nuestras mentes ni a ejercitar nuestras almas en pro de una consideración seria y analítica de los temas eternos relacionados con Dios.

Demasiados predicadores están satisfechos con insistir principalmente en el elemento de escape en el cristianismo. Reconozco que ese elemento evasivo es real. Nadie está más seguro de ello que yo. Voy a escapar del infierno que me merezco a cabalidad a causa de la muerte de Cristo en la cruz y de su resurrección de los muertos. Pero si continuamos enfatizando esa verdad excluyendo todo lo demás, los creyentes nunca comprenderán completamente lo que las Escrituras nos enseñan acerca de todos los propósitos eternos de Dios. Esta misma observación es válida también para aquellos a quienes solo les interesan los aspectos sociales y éticos del cristianismo. Estos pueden ser muy satisfactorios y atractivos, pero si ahí es donde nos detenemos a aplicar las verdades escriturales, nunca comprenderemos las mayores promesas y los planes más elevados del Dios que nos ama y que nos ha llamado.

Debemos tomar las cosas en serio

Como he dicho antes, para un gran número de personas irreflexivas, el cristianismo se ha reducido a esto: una manera agradable, sencilla y relajante de divertirse limpiamente, con la seguridad de que cuando esta vida terrenal termine, iremos al cielo. Tenemos que asirnos la cabeza y prometer: «¡Voy a pensar en esto seriamente! ¡Voy a orar y a aferrarme a lo que significa Dios para mi vida, mi testimonio y mi futuro!». Nuestro Señor está tratando de mostrarnos sus extraordinarios y significativos planes para nuestro futuro eterno.

En nuestras relaciones aquí en la tierra, supimos que un padre decidió preparar una herencia para su hijo. Va a hacer arreglos para que su hijo tome posesión de todo lo que tiene como patrimonio: propiedades, cuentas bancarias, acciones, bonos, inversiones y muchas cosas más. El hijo recibirá el título de propiedad completa cuando la herencia entre en vigencia. ¡Piénselo! El hijo va a recibir una herencia que nunca amasó ni adquirió.

Sin embargo, ese no es el caso con el título, las posesiones, la autoridad y el poder de nuestro Señor Jesucristo. Ya él es Señor. Como Hijo eterno y resucitado, está sentado en los lugares celestiales esperando el día de la consumación universal. En su evangelio, el apóstol Juan nos presenta al Hijo eterno que, desde el principio, era la Palabra de Dios:

> En el principio ya existía el Verbo, y el Verbo estaba con Dios, y el Verbo era Dios. Él estaba con Dios en el principio. Por medio de él todas las cosas fueron creadas; sin él, nada de lo creado llegó a existir. En él estaba la vida, y la vida era la luz de la humanidad.
>
> —Juan 1:1-4

Antes de que hubiera un átomo o una molécula, antes de que hubiera una estrella o una galaxia, antes de que hubiera luz o movimiento, antes de que hubiera materia o masa, el Hijo eterno era Dios. Él era. Existió. Él habría estado allí incluso si no hubiera habido creación alguna, porque Él era el Dios autoexistente. Por lo tanto, todas las cosas en todos los lugares siempre le han pertenecido.

Dios tiene un plan maestro

Dios está planeando hacer cosas maravillosas y espectaculares con su vasta creación. Pablo, en su Epístola a los Efesios, nos dio un pequeño vistazo del futuro de los redimidos:

> Él nos hizo conocer el misterio de su voluntad conforme al buen propósito que de antemano estableció en Cristo, para llevarlo a cabo cuando se cumpliera el tiempo, esto es, reunir en él todas las cosas, tanto las del cielo como las de la tierra.
>
> —Efesios 1:9-10

El apóstol nos asegura que, así como un arquitecto constructor reúne los materiales necesarios para dar forma a la estructura que ha diseñado, Dios reunirá todas las cosas. ¿Y cómo hará eso? Al «reunir en él todas las cosas, tanto las del cielo como las de la tierra». Si prestáramos atención a las Escrituras, aprenderíamos —por medio de ellas— que se acerca un gran día en el que Dios mostrará la unidad esencial de su creación. Esa espectacular exhibición se correlacionará y cumplirá en la persona de nuestro Señor Jesucristo. Dios aclarará que todas las cosas han derivado su forma de Cristo; han recibido su significado a través del poder de su Palabra; y han mantenido su lugar y su orden a través de él.

Jesucristo es Dios creando.

Jesucristo es Dios redimiendo.

Jesucristo es Dios completando y armonizando.

Jesucristo es Dios reuniendo todas las cosas según el consejo de su propia voluntad.

Aún no lo vemos

Después de ese vuelo anhelante por un futuro que aún se avecina, debo admitir que las criaturas terrenales aún no lo vemos ni lo sentimos así. Permítame hablar de nuevo acerca de nuestras deficiencias humanas reconocidas, incluso las que tienen que ver con nuestra fe. Es muy difícil para nosotros imaginarnos al Cristo Jesús resucitado como está ahora, glorificado a la diestra de la Majestad en las alturas. En el mejor de los casos, «vemos de manera indirecta y velada, como en un espejo» (1 Corintios 13:12). ¡En el peor de los casos estamos ciegos como una piedra!

No siempre podemos ver la mano de Dios en todas las cosas que nos rodean aunque opere de manera invisible. En esta vida solo experimentamos segmentos inconclusos del gran plan eterno de Dios. No vemos las huestes del cielo en la «nube de testigos» (Hebreos 12:1) que nos rodea. No vemos «a los espíritus de los justos que han llegado a la perfección» (12:23) ni las interminables filas de principados que luchan por llamar nuestra atención, ni los resplandecientes poderes que rondan a través del universo. En nuestra condición limitada, no somos capaces de comprender la gloria que disfrutaremos en ese día futuro cuando, apoyados en el brazo de nuestro Esposo celestial, seamos llevados a la presencia del Padre, en el cielo, con gran gozo.

Hacemos lo mejor que podemos para ejercer la fe. Sin embargo, vemos la consumación futura solo de manera vaga e imperfecta. El autor de Hebreos ha tratado de ayudarnos en el debido ejercicio de nuestra fe. Lo ha hecho con su extraordinaria declaración de que nuestro Señor Jesucristo es el heredero de todas las cosas en la extensa creación de Dios.

Ese es un concepto que tiene que ver con todo lo que Dios ha hecho en su vasto universo. Todo ha sido ordenado, creado y dispuesto para que se convierta en el vestido de la Deidad o en la expresión viviente universal de sí mismo para el mundo.

Cuando leemos que Dios ha designado a Jesús, el Hijo, para que sea el heredero de todas las cosas, la referencia es a la manera en que se verá toda la creación de Dios en su futura y definitiva perfección. No podemos creer que Dios haya dejado nada al azar cuando preparó el esquema de su plan. Eso incluye todo, desde la más pequeña hebra de hierba terrenal hasta la galaxia más poderosa y lejana de los cielos.

¿Qué incluye «todas las cosas»?

«Heredero de todas las cosas». ¿Qué incluye realmente esa frase? Incluye ángeles, serafines, querubines, hombres y mujeres redimidos de todas las edades, clases, mente, ley, espíritu, valor, significado. Incluye la vida y los acontecimientos a los distintos niveles. Incluye todo esto y más, ¡el supremo interés de Dios lo abarca todo y a todos!

¿Está comenzando a apreciar el gran propósito universal de Dios? No estoy simplemente asumiendo el papel de filósofo. El propósito de Dios es reunir, familiarizar, a todos los seres racionales con el resto de los demás segmentos que existen dentro de su compleja creación. Insisto en que creo en la unidad esencial de toda la creación de Dios. Por lo tanto, creo que llegará el día en que cada parte de la creación de Dios reconocerá su propia unidad esencial con todas las demás. Toda la creación se mueve hacia ese día.

Cuando escribí sobre este concepto en un editorial de la revista *Alliance Life*, un lector se apresuró a acusarme de panteísta. Por supuesto que no soy panteísta. Y la unidad esencial de la creación de Dios no es el panteísmo. El panteísmo enseña que Dios es todas las cosas y que todas las cosas son Dios. Según el panteísmo, si usted quiere saber qué es Dios, debe llegar a conocer todas las cosas. De modo que, si pudiera poner todas las cosas en Sus brazos, tendría a Dios. El panteísmo es ridículo: afirma y enseña que todas las cosas son Dios.

Dios es inmanente a su universo. Eso creo. Pero más allá de eso, es trascendente por encima de su universo e infinitamente separado de él, porque es el Dios Creador.

Conceptos no tan nuevos

Estos conceptos básicos, los misterios de la creación y la unidad de Dios que se muestra para siempre en sus obras, no son nuevos. Fueron creídos por las grandes almas y mentes cristianas de los siglos anteriores. Uno de esos escritores moravos escoceses notables fue James Montgomery. De su escritura surge este hermoso poema que expresa la unidad que sintió al considerar la creación de Dios:

> El universo glorioso que nos rodea,
>   los cielos con todo su tren,
> el sol, la luna y las estrellas firmemente unidos
>   en una misteriosa cadena.
> La tierra, el océano y el cielo
>   forman un mundo de acuerdo;
> donde todos los que caminan, nadan o vuelan
>   componen una familia.
> Dios despliega en su creación
>   su sabiduría y su poder;
> todas sus obras con todos sus caminos
>   se unen armoniosamente.

La forma en que Montgomery emplea el término *armoniosamente* es impresionante. Con ello afirma que finalmente, cuando el pecado haya sido purgado del universo de Dios, todo en la creación se consumará con todo lo demás. Habrá una armonía cósmica universal.

Estamos muy conscientes de que el universo, tal como lo conocemos, está en caos, con dolores de parto. Por todos lados suena la estridente opresión del pecado. Pero en ese día venidero en el que esperamos que la creación sea libertada de la esclavitud de corrupción, ese día en el que el pecado será destruido por completo, todas las cosas que caminan, se arrastran, nadan o vuelan serán parte de una sola familia.

Y la iglesia también

Permítame tocar un punto más. Quiero decir algo sobre el cuerpo de creyentes cristianos y esa unidad universal que un día se establecerá en la persona de Jesucristo. Si le preguntara: «¿Cree usted en la comunión de los santos?», ¿cuál sería su respuesta? ¿Le incomodaría la pregunta?

Sospecho que muchos protestantes me amonestarían al instante, sintiendo que me estaba acercando demasiado a las creencias doctrinales sostenidas por los ecumenistas o hasta por los católicos. Sin embargo, no me refiero al ecumenismo religioso que promueve la comunión de todas las religiones ni a los sueños de la unión administrativa de la iglesia con un solo dirigente vicario. Miro hacia adelante con fe en el gran día de la victoria, la armonía y la unidad de Dios, cuando el pecado ya no esté presente en la creación. En ese gran día de consumación, los hijos de Dios, la familia de creyentes en Dios, experimentarán una bendita armonía y una comunión especial con el Espíritu. Seguramente estoy de acuerdo con la previsión del poeta inglés John Brighton, que vislumbró ese momento cercano de comunión entre el pueblo de Dios. Brighton escribió:

> En un eterno vínculo de amor,
>   una mentalidad fraterna,
> los santos de abajo y los santos de arriba
>   su dicha y su gloria encuentran.

Creo que eso es bíblico. No creo que nadie deba descartar la gran doctrina de la comunión de los santos solo porque los ecumenistas la abracen.

Algún día comprenderemos

La unidad de todas las cosas en Cristo es un concepto al que todo creyente debería aferrarse. Cuando seamos testigos del día futuro del triunfo de Cristo, cuando regrese y alcancemos la consumación de todas las cosas, en ese momento, comprenderemos plenamente la importancia de la frase «todas las cosas» en el plan eterno de Dios.

Muchas personas están sosteniendo sus mayores batallas por su sentido cada vez más profundo de incompetencia e inutilidad. Es importante que comprendamos la revelación de Dios en referencia a que cada uno de nosotros es esencial en su gran plan para las edades. Muchos buscarán, en vano, respuestas de hombres y mujeres aparentemente calificados. Usted, sin embargo, busque sus respuestas en Dios y en su Palabra. No hay que recurrir a nada ni a nadie más. Dios es soberano; Dios tiene el control absoluto; él todavía dirige su mundo.

Además, quiere que sepamos que él tiene todas las partes y todos los elementos en su justo lugar para poder componer su gran sinfonía eterna. ¡Quiere que nos aseguremos de que cada uno de nosotros es indispensable para ejecutar su gran tema!

CAPÍTULO 4

JESÚS, LA FIEL IMAGEN DE DIOS

Quisiera comprender todo lo que la Palabra inspirada trata de revelar al declarar que Jesús, el Hijo eterno, es «el resplandor de la gloria de Dios, la fiel imagen de su ser» (Hebreos 1:3 NBV). Esto es lo que sé y lo que entiendo: *Jesucristo es Dios mismo.* Como creyente y discípulo, me regocijo de que el Cristo ascendido y resucitado sea ahora mi Sumo Sacerdote e intercesor en el trono celestial.

El escritor de Hebreos llama nuestra atención con este lenguaje descriptivo y sorprendente:

> [Dios] en estos últimos tiempos nos ha hablado por medio de su Hijo. A él Dios lo hizo heredero de todas las cosas y por medio de él creó todo el universo. Él es el resplandor de la gloria de Dios, la fiel imagen de su ser y el que sostiene el universo con su palabra poderosa. (1:2-3 NBV)

Confiamos en las Escrituras porque creemos que son inspiradas, infundidas por el propio Dios. Creemos que la Palabra de Dios es Palabra del mismísimo Dios. Y debido a esa creencia es que confiamos y confesamos que Jesús era y es Dios mismo.

Nada en este vasto y complejo mundo es tan hermoso y convincente como la historia de la encarnación, el acto por el cual Dios se hizo carne para habitar entre nosotros y actuar en el escenario de nuestra propia historia humana. Este Jesús, el Cristo de Dios, que hizo el universo y que sostiene todas las cosas con su poderosa palabra, llegó a este mundo en forma de un pequeño bebé y estuvo entre nosotros. Se sentía reconfortado —como cualquier bebé— al dormir cuando sollozaba en los brazos de su madre. Grande, en verdad, es el misterio de la piedad.

No obstante, en este contexto, algunas cosas extrañas y trágicas han estado sucediendo en los últimos años a lo interno de la esfera del cristianismo. Por un lado, algunos ministros aconsejan a sus congregaciones que no se preocupen mucho si los teólogos discuten acerca del nacimiento virginal de Jesús. El tema, alegan, no es importante. Por otra parte, algunos que profesan ser cristianos afirman que no quieren que se les imponga lo que realmente creen sobre la singularidad y la realidad de la deidad de Jesús, el Cristo.

Estamos convencidos

Vivimos en una sociedad en la que no siempre podemos estar seguros de que las definiciones tradicionales sigan siendo válidas. Pero estoy donde siempre he estado. Y el creyente genuino, no importa en qué lugar del mundo se encuentre, debe estar convencido —con humildad, pero seguro— de la persona y la posición de Jesucristo. El creyente convencido de ello vive con tranquilidad y confianza en que Jesucristo es verdaderamente Dios y que él es todo lo que el escritor inspirado dijo que es. Él es «el resplandor de la gloria de Dios, la fiel imagen de su ser» (Hebreos 1:3). Esta visión de Cristo en Hebreos armoniza y apoya lo que Pablo dijo acerca de Jesús cuando lo describió como «la imagen del Dios invisible, el primogénito de toda creación» (Colosenses 1:15), en quien «Toda la plenitud de la divinidad habita en forma corporal» (2:9).

Los cristianos que creen en la Biblia se unen en este aspecto. Pueden tener opiniones diferentes sobre el modo de bautismo, la liturgia de la iglesia, la administración o aun la segunda venida de Cristo. Pero están de acuerdo con la deidad del Hijo eterno. Jesucristo es de una sola sustancia con el Padre: engendrado, no creado (Credo de Nicea). En lo que se refiere a defender esta verdad debemos ser muy cuidadosos y muy audaces, combativos, si es necesario.

Cuanto más estudiemos las palabras de nuestro Señor Jesucristo durante el tiempo que vivió en la tierra entre nosotros, más seguros estaremos de lo que él es. Algunos críticos se han atrevido a denigrar de él alegando cosas como lo siguiente: «Jesús no afirmó ser Dios, ¿sabe usted? Solo dijo que era el Hijo del Hombre».

Es cierto que Jesús usaba a menudo la expresión Hijo del Hombre. Lo diré con toda reverencia: parecía orgulloso o al menos encantado de ser hombre, el Hijo del Hombre. Sin embargo, ante aquellos que eran sus enemigos jurados, testificó —incluso con valentía— que era Dios. Declaró con gran contundencia que había venido del Padre que está en los cielos y que era igual al Padre.

Estamos seguros de lo que creemos. Estamos muy consciente de todo lo que creemos y en especial de lo referente a nuestra fe. Que nadie —con palabras persuasivas ni encantadoras— nos convenza para que digamos que Jesucristo es menos que Dios.

Dios se hizo carne en Jesucristo

El escritor de Hebreos estaba informando a los cristianos judíos —que eran perseguidos y estaban desanimados— acerca de la revelación final y completa de Dios en Jesucristo. Abordó un tema muy familiar para ellos, les habló del Dios de Abraham, de Isaac y de Jacob. Luego declaró que, además de ese Dios, había venido Otro. Aunque hecho carne, no era otro más que el propio Dios. No el Padre, porque Dios el Padre nunca se encarnó y nunca lo hará. Más aun, es Dios el Hijo eterno, el resplandor de la gloria del Padre y la representación exacta de su ser.

Tengo que decir que algo raro le ha sucedido a la palabra *gloria*, especialmente en lo que se refiere a la descripción de la Deidad. Gloria es una de esas hermosas e impresionantes palabras que se han usado tanto y tan mal que se ha abusado de ella, al punto que ha perdido el verdadero significado de lo que es. Es posible que los antiguos artistas hayan tenido algo que ver con eso, al representar la gloria de Jesucristo como un simple halo luminoso, un aro de neón brillante alrededor de su cabeza. Pero la gloria de Jesucristo nunca fue un anillo luminoso alrededor de la cabeza. Nunca fue una luz amarillenta ni brumosa. La gloria de Cristo es, sencillamente, indescriptible.

Tendemos mucho a la irreverencia

Me cuesta excusar nuestras actitudes negligentes e irreverentes con respecto a nuestro Señor y Salvador Jesucristo. Creo firmemente que los cristianos que adoran a Dios nunca deben sentirse culpables de usar una palabra o expresión teológica en un sentido popular o negligente a menos que expliquemos lo que estamos haciendo. Cuando hablamos de la gloria de Dios el Hijo, es apropiado referirnos realmente a esa singularidad de su persona y carácter que estimula nuestra admiración y asombro.

Para aquellos que aman a Dios y le sirven, su gloria no es una luz amarillenta ni un aro de neón sobre la cabeza de una figura sagrada. Su verdadera gloria es esa que hace que los seres celestiales se cubran el rostro en su presencia. Esa que los lleva a alabar y adorar en espíritu y en verdad. Esa que lleva al adorador a cantar: «¡Santo, santo, santo es el Señor, Dios de los ejércitos!». Esa que demanda amor y adoración de sus seres creados. Esa que da a conocer a Cristo a través de su creación. La gloria del Señor es ese resplandor que le da alabanza universal.

La gloria de Dios manifiesta lo excelso del carácter divino.

Dios no es glorificado hasta que los hombres y las mujeres piensan de manera gloriosa en él. Sin embargo, no es lo que la gente piense de Dios lo que cuenta. El Dios trino habita en una luz a la que nadie puede acercarse. Y, por supuesto, Dios Hijo igualmente. Pero este, que es la Palabra o el Verbo, deseaba hablar, expresarse, manifestarse. Así que creó los cielos y la tierra, llenando la tierra con sus criaturas, incluida la humanidad. Se esperaba que el hombre respondiera a ello y considerara lo glorioso, admirable y excelente que es el Creador.

Esa respuesta, por parte de su creación en amor y adoración, es lo que constituye su gloria. Cuando decimos que Cristo es el resplandor de la gloria de Dios, estamos afirmando que Cristo es el resplandor de todo lo que Dios es. Sí, él es el resplandor, el fulgor. Cuando Dios se expresó a sí mismo, lo hizo en Cristo Jesús. Cristo era todo y en todos. Él es la representación exacta de la persona de Dios.

«La fiel imagen de su ser»

La palabra ser, en este contexto, es difícil de comprender. La historia de la iglesia da testimonio de las dificultades que los teólogos han tenido con ella. Unas veces se ha llamado sustancia a la persona o el ser de Dios. Otras veces se le ha calificado como esencia. Sin embargo, la Deidad no puede ser comprendida por la mente humana. Pero el Dios eterno sostiene, sustenta, está debajo de todo lo que compone el vasto universo creado. Y Jesucristo se nos ha manifestado como la representación exacta de la persona de Dios, todo lo que Dios es.

La frase *fiel imagen*, por supuesto, tienen su origen en el sello de cera prensado que autentica un documento o carta de un dignatario. Jesucristo encarnado autentica en forma visible a la Deidad y manifiesta su legitimidad. Cuando el Dios invisible se hizo visible, el que se veía era Jesucristo. El Dios que no podía ser visto ni tocado vino a morar entre nosotros mediante Jesucristo.

No piense que he sugerido esta imagen de nuestro Señor Jesucristo como una especie de argumento teológico. Simplemente estoy tratando de expresar, de la mejor manera que puedo, lo que el Espíritu Santo ha dicho a través del escritor consagrado de la Carta a los Hebreos.

¿Cómo es Dios?

¿Cómo es Dios? A lo largo de los siglos, esa pregunta —más que ninguna otra— ha sido formulada por innumerable cantidad de personas. Nuestros niños pequeños tienen solo unos pocos años cuando se nos acercan con su inocente sencillez y nos preguntan: «¿Cómo es Dios?». El apóstol Felipe planteó la misma pregunta —aunque en una manera diferente— en cuanto a sí mismo y en beneficio de toda la humanidad, cuando se la formuló al propio Jesús: «Señor, muéstranos al Padre, y con eso nos basta» (Juan 14:8). Los filósofos repetidas veces han planteado la misma pregunta. Los religiosos y los pensadores han lidiado con ella a través de los siglos.

Pablo predicó en Atenas y habló acerca de la incesante búsqueda de la humanidad por el «Dios no conocido». Incluso, el mismo apóstol, dio a conocer la intención divina en cuanto a esa búsqueda de la humanidad al decir que «esto lo hizo Dios para que todos lo busquen y, aunque sea a tientas, lo encuentren. En verdad, él no está lejos de ninguno de nosotros, "puesto que en él vivimos, nos movemos y existimos"». Como algunos de sus propios poetas griegos han dicho: "De él somos descendientes"» (Hechos 17:27-28).

El apóstol estaba hablando de la presencia de Dios en el universo, una Presencia que se convierte en la voz viva y vibrante de Dios que hace que el corazón humano vaya tras él. ¡Ay de nosotros! El hombre no ha sabido hasta qué punto llegar a causa del pecado. El pecado ha enceguecido sus ojos, ha afectado su audición y ha hecho que su corazón no responda.

El pecado ha hecho al hombre como un pájaro sin lengua, sin capacidad de emitir sonido alguno. Esa ave, en sí misma, tiene el instinto y el deseo de cantar, pero no la habilidad. Al respecto, el antiguo poeta británico John Keats expresó en forma bella, e incluso brillante, su *Oda al ruiseñor* que había perdido la lengua. Al no poder expresar el profundo instinto de cantar, el pájaro murió de una asfixia abrumadora.

La eternidad en nuestros corazones

Dios hizo a la humanidad a su propia imagen y semejanza. El famoso predicador, autor del Libro de Eclesiastés, declaró que Dios «ha puesto eternidad en el corazón de ellos [los hombres], sin que alcance el hombre a entender la obra que ha hecho Dios desde el principio hasta el fin» (Eclesiastés 3:11 RVR1960). ¡Qué descripción tan gráfica! ¡Qué manera de explicarnos todo eso! Somos criaturas temporales —el tiempo incide en nuestras manos, nuestros pies, nuestros cuerpos—; el tiempo nos lleva a envejecer y hasta a morir. ¡Sin embargo, todo el tiempo tenemos la eternidad en nuestros corazones!

Uno de nuestros grandes males como personas caídas que viven en un mundo postrado es la guerra constante entre la eternidad en nuestros corazones y el tiempo en nuestros cuerpos. Por eso nunca podemos estar satisfechos sin Dios. De ahí la pregunta que constantemente brota de cada uno de nosotros: «¿Cómo es Dios?». Dios ha puesto los valores de la eternidad en el corazón de cada persona hecha a su imagen.

Como seres humanos, siempre hemos intentado satisfacernos manteniendo esa búsqueda, una búsqueda constante y vana. Muchos no hemos olvidado que Dios *existe*. Solo hemos olvidado cómo es Dios.

La filosofía ha tratado de darnos respuestas sin éxito alguno. Sin embargo, los conceptos filosóficos acerca de Dios siempre han sido contradictorios. El filósofo es como un ciego que intenta pintar el retrato de alguien. El ciego puede sentir el rostro del sujeto e intentar poner algunas pinceladas sobre el lienzo. Pero el proyecto está condenado al fracaso antes de comenzar. Lo mejor que puede hacer la filosofía es palpar el rostro del universo de alguna manera y luego tratar de pintar a Dios como lo percibe su vano ejercicio.

La mayoría de los filósofos confiesan creer en una «presencia» que reside en algún lugar del universo. Algunos lo llaman «ley», «energía», «mente» o «virtud esencial». El inventor y científico Thomas Alva Edison afirmó que, si vivía lo suficiente, intentaría crear un instrumento tan sensible que fuera capaz de encontrar a Dios. Edison fue un empresario e inventor muy reconocido. Tenía una gran mente y pudo haber sido hasta filósofo. Pero él no sabía más de Dios, ni sobre cómo es Dios, que sus amigos Henry Ford y Harvey Firestone, y mucho menos que el repartidor de periódicos que le llevaba el diario a su casa.

Las religiones no tienen respuestas

Las religiones del mundo siempre se han esforzado por dar respuestas acerca de Dios. Los parsis —que practican el zoroastrismo—, por ejemplo, afirman que Dios es luz. Por eso adoran al sol, al fuego y a cualquier modalidad de luz. Otros cultos han sugerido que Dios es conciencia o que puede encontrarse en la virtud. Para algunas religiones, hay consuelo en la creencia de que Dios es el principio que sostiene al universo.

Hay religiones que enseñan que Dios es todo justicia. Viven aterrorizados. Otros dicen que Dios solo es amor. Por lo que se vuelven arrogantes. Como los filósofos, los religiosos tienen conceptos y puntos de vista, ideas y teorías; en ninguno de los cuales la humanidad ha hallado satisfacción.

El paganismo griego, por ejemplo, tenía su propio conjunto de divinidades. Vieron salir el sol por el oriente y moverse hacia el occidente en un resplandor de fuego y lo llamaron Apolo. Oyeron rugir el viento a lo largo de la costa y le dieron el nombre de Eos, madre de los vientos y las estrellas, que era la diosa titánide. Vieron las aguas del océano y las olas espumosas y lo llamaron Neptuno, puesto que para ellos gobernaba todas las aguas y los mares cabalgando sobre las olas. Se imaginaron a una diosa rondando sobre los fructíferos campos de trigo cada año y le dieron el nombre de Ceres. En India, por otro lado, la variedad de deidades es incontable. Hay dioses para todas y cada una de las necesidades del pecador. Dada una perspectiva tan pagana, las tradicionales fantasías sobre dioses y diosas no tienen fin. En Romanos 1, Dios describe la condición humana que incuba tales aberraciones. Hombres y mujeres, inquietados por su pecado, no querían la revelación de un Dios vivo y hablante. Ignoraron, de manera deliberada, al único Dios verdadero; lo expulsaron de sus vidas.

En vez de seguir al Dios verdadero, inventaron sus propias deidades, entre las cuales hay aves, reptiles y toda clase de animales. Aun los objetos inanimados son considerados muchas veces como deidades para aquellos que vanamente buscan un dios y rechazan al Dios verdadero.

A menudo se nos advierte que la moralidad de cualquier nación o civilización se apega a sus conceptos acerca de Dios. Una verdad paralela se escucha con menos frecuencia: cuando una iglesia empieza a pensar de manera impura e inadecuada sobre Dios, comienza el declive.

Debemos pensar con nobleza y hablar con dignidad acerca de Dios. Nuestro Dios es soberano. Haríamos bien en seguir a nuestros antepasados, que sabían lo que era arrodillarse y adorar hasta perder el aliento, maravillados en la presencia del Dios que está dispuesto a reclamarnos como suyos por medio de la gracia.

Jesús es tal como es Dios

Algunos todavía se preguntan: «¿Cómo es Dios?». Dios mismo nos ha dado una respuesta determinante y completa. Jesús dijo: «El que me ha visto a mí, ha visto al Padre» (Juan 14:9).

Para aquellos que hemos puesto nuestra fe en Jesucristo, la búsqueda de los siglos ha terminado. Jesucristo, el Hijo eterno, vino a morar entre nosotros, siendo «el resplandor de su gloria, la fiel imagen de lo que él es» (Hebreos 1:3). Para nosotros, digo, la búsqueda ha terminado porque Dios ya se reveló a nosotros. Lo que es Jesús, es el Padre. El que mira al Señor Jesucristo, mira a Dios a cabalidad. Jesús es Dios meditando los pensamientos de Dios. Jesús es Dios sintiendo como Dios siente. Jesús es Dios haciendo ahora lo que Dios hace.

En el Evangelio de Juan, vemos a Jesús diciéndole a la gente de su época que no podía hacer nada por sí mismo: «Ciertamente les aseguro que el Hijo no puede hacer nada por su propia cuenta, sino solamente lo que ve que su Padre hace, porque cualquier cosa que hace el Padre, la hace también el Hijo» (Juan 5:19). Fue por la fuerza de un testimonio como ese que los líderes judíos quisieron apedrearlo acusándolo de que cometía blasfemia.

Qué extraño es que algunas de las sectas modernas traten de decirnos que Jesucristo nunca afirmó ser Dios. Sin embargo, aquellos que lo escucharon en persona hace dos mil años querían matarlo, en el acto, porque decía que era uno con el Padre.

En Jesús la revelación es completa

La revelación de Dios de sí mismo está completa en Jesucristo, el Hijo. Ya no es necesario que nos preguntemos: «¿Cómo es Dios?» ya que Jesús es Dios. Cristo ha traducido a Dios en términos que podemos entender.

La revelación de Jesús es completa ya que sabemos lo que siente por la mujer encontrada cometiendo adulterio: «Ni yo te condeno; vete, y no peques más» (Juan 8:11).

La revelación de Jesús es completa porque sabemos lo que siente por los cansados y agotados pescadores, lo que siente por los obreros y la gente común; es tanta esa identificación que les dice: «Vengan, síganme y los haré pescadores de hombres» (Marcos 1:17).

La revelación de Jesús es completa porque sabemos lo que Dios piensa acerca de los bebés y los niños pequeños: «Jesús dijo: Dejen que los niños vengan a mí, y no se lo impidan, porque el reino de los cielos es de quienes son como ellos» (Mateo 19:14).

La revelación de Jesús es completa porque estuvo en nuestro mundo y vivió entre nosotros. Habló y enseñó sobre todas esas cosas y sobre todo lo que nos concierne. La historia muestra que sus oyentes estaban asombrados y admirados, al punto que casi se asustaron. El evangelista Mateo dice que: «Cuando Jesús terminó de decir estas cosas, las multitudes se asombraron de su enseñanza, porque les enseñaba como quien tenía autoridad, y no como los maestros de la ley» (Mateo 7:28-29). Y el apóstol Juan, por su parte, expresa que «¡Nunca nadie ha hablado como ese hombre! —declararon los guardias» (Juan 7:46).

Cuando lea su Nuevo Testamento, observe las actitudes y las expresiones de nuestro Señor Jesucristo, para que sepa de manera exacta cómo se siente Dios. ¿Dónde podemos mirar en toda la vasta creación que nos rodea para encontrar algo tan hermoso, absoluto, asombroso y profundamente perfecto como la Encarnación? Dios se hizo carne con el objeto de habitar entre nosotros, para redimirnos, para restaurarnos, para salvarnos por completo.

Jóvenes, mayores o adolescentes, nos unimos al himno de alabanza de Lowell Mason:

> Oh, cómo hablar del valor incomparable,
> cómo hablar de las glorias inefables
> que en mi Salvador resplandecen.
> Me elevaría y tocaría las cuerdas celestiales,
> y competiría con Gabriel mientras canta
> en sus notas casi divinas.
> Cantaría con él a la gloria eterna,
> en todas las maneras que el amor de mi Dios
> inspira,
> Lo exaltaré en su trono,
> con los más sublimes cantos y la más dulce
> alabanza,
> Lo haré siempre, en la eternidad
> Y aquí, en la tierra, daré a conocer todas sus
> glorias.

La estrofa final anticipa la bienvenida que recibiremos en el cielo y la carrera eterna que nos espera allí:

> Pronto llegará ese día deleitoso
> Cuando mi amado Señor me lleve a casa
> y vea su rostro.

Luego, con mi Salvador, mi Hermano, mi Amigo,
pasaré la bendita eternidad,
   triunfante en su gracia.

Lo que estaba diciendo Lowell Mason, el hombre convencido que escribió esas palabras, es que Jesús es Dios. Y el mundo de arriba y el mundo —más pobre— de abajo se unen en respuesta: «¡Amén, amén! ¡Jesús es Dios!».

CAPÍTULO 5

JESÚS, SEÑOR DE LOS ÁNGELES

Nuestras iglesias protestantes nunca han mostrado mucho entusiasmo con las referencias bíblicas a las variadas clases de ángeles y seres angelicales que componen las huestes celestiales de Jehová de los ejércitos, nuestro Señor y Dios. Debido a que no los vemos, constituyen un tema de poco debate entre nosotros. Es evidente que hay muchos cristianos que no están seguros de lo que deberían creer acerca de los mensajeros celestiales de Dios.

En breves palabras, en lo que respecta al tema de la enseñanza bíblica acerca de los ángeles, los cristianos hemos entrado en una lamentable condición de negligencia y hasta de ignorancia.

En lo que a mí se refiere, desprecio las referencias cínicas a los ángeles tanto como los chistes que se hacen con ellos, los que hacen los incrédulos y hasta algunos que se dicen «cristianos». El predicador que dice que su ángel de la guarda había tenido dificultades para seguirle el paso mientras andaba a toda velocidad por la carretera, lo hizo como un chiste de mal gusto y probablemente hasta con ignorancia. Si eso es lo mejor que un predicador puede decir acerca de los ángeles de la guarda o de las huestes angelicales de Dios, necesita volver a leer su Biblia.

El autor de la Carta a los Hebreos ofrece a sus lectores un retrato vivo y transcendental de Jesús, el Hijo eterno. El autor inspirado conoce la familiaridad de los hebreos con el concepto y el ministerio de los ángeles tal como se revela a través del Antiguo Testamento. De manera que trata con ese conocimiento para señalar la abrumadora superioridad del Jesús victorioso mientras ministra en el mundo celestial:

> Además, al introducir a su Primogénito en el mundo, Dios dice: «Que lo adoren todos los ángeles de Dios». En cuanto a los ángeles dice: «Él hace de los vientos sus ángeles, y de las llamas de fuego sus servidores». Pero con respecto al Hijo dice: «Tu trono, oh Dios, permanece por los siglos de los siglos, y el cetro de tu reino es un cetro de justicia».
>
> —Hebreos 1:6-8

Al ver esta reveladora comparación entre los ángeles y el Mesías Salvador, Jesucristo, debemos tener en cuenta que los ministerios de los ángeles eran muy conocidos y muy respetados entre los judíos. Debería ser de gran importancia para nosotros, por tanto, el hecho de que el escritor les aseguró que Jesús nuestro Señor es infinitamente insigne y superior a los ángeles más resplandecientes que moran en el reino de Dios. Nunca ha existido un ser angelical creado de quien se pueda decir, como se dijo de Cristo, que es «resplandor de la gloria de Dios, la fiel imagen de lo que él es» (1:3).

Los lectores requieren de aliento

Esta visión completa de las glorias y las calificaciones de Jesucristo era necesaria en ese momento para los cristianos hebreos que sufrían la persecución. Y para nosotros, en este siglo veintiuno de la Iglesia cristiana, la misma revelación se presenta con la misma autoridad y legitimad del Dios altísimo. La palabra que aseguró a los hebreos nos revela que el Hijo eterno fue preeminente sobre Abraham, sobre Moisés, sobre Aarón y sobre todos los sacerdotes de la era del Antiguo Testamento.

Gran parte de nuestro estudio bíblico tiende a ser unilateral. Optamos por leer lo que nos gusta, lo que nos agrada o nos conviene. Menospreciamos aquellas porciones que parecen tener poco interés para nosotros. ¿Está usted de acuerdo con eso?

Entre los cristianos protestantes y durante muchísimos años ha habido una psicología bastante desconcertante. Nuestros vecinos católicos romanos en sus himnos y enseñanzas les han dado un reconocimiento considerable a los santos ángeles. Los protestantes parecen haber reaccionado en una forma completamente opuesta. Es como si hubiéramos decidido no decir nada sobre los ángeles o, aún peor, como si no tuviéramos nada que decir al respecto.

En los tiempos del Antiguo Testamento y en la Iglesia cristiana primitiva, hubo eclesiásticos y eruditos que prestaron mucha atención a los asuntos relacionados con las huestes angelicales y todo lo que se refería a ellas. Cuando Pablo habló acerca de la creación a los colosenses, mencionó tanto al mundo visible como al que no se ve nombrando tronos, dominios, principados, potestades (Colosenses 1:16). A menudo, estos se han percibido como rangos o grados de seres angelicales o como algo relacionado con su autoridad y su poder.

Pablo mencionó la existencia de los arcángeles en los cielos cuando escribió a los creyentes de la iglesia en Tesalónica. «El Señor mismo descenderá del cielo con voz de mando, con voz de arcángel» (1 Tesalonicenses 4:16). No, no estamos preparados para argumentar contra la realidad ni del mundo visible ni del invisible. Debido a que la religión de los hebreos fue divinamente dada, reflejaba los dos mundos con precisión.

La ciencia exige evidencia medible

Considere por qué pensamos como lo hacemos en la sociedad actual. Somos participantes de una nueva era: una era científica, una era atómica, una era espacial y, últimamente, una era tecnológica en la que la cibernética y toda su parafernalia es dirigida por la «ciencia». Por tanto, hemos sido condicionados por la ciencia. Ya casi no nos asombramos ni apreciamos mucho lo que Dios continúa haciendo en su creación. En medio de nuestros complejos logros y avances con la tecnología y el convulsionado mundo de hoy, es difícil para nosotros mirar la esfera de Dios como deberíamos hacerlo.

Como creyentes en Dios y en el plan que él tiene para la humanidad, no debemos ceder a las filosofías ni a las influencias que nos rodean. No debemos someternos a lo que dicen los llamados «sabios» para forjar nuestra perspectiva. Tenemos un mensaje dado por Dios, mensaje que debemos proclamar a nuestra generación: *El mundo fue hecho por Dios todopoderoso*. Este mundo lleva el sello de la Deidad sobre él y dentro de él.

El arquitecto deja su huella en los grandes edificios que diseña. El artista deja su huella y su personalidad en las pinturas y esculturas que hace. El mismo principio se aplica a los mundos visible e invisible. Los llamamos dos mundos, aunque probablemente sean uno solo. El sello de Dios como diseñador y creador está ahí, así como su propia marca y su personalidad se pueden encontrar en las Sagradas Escrituras.

Dios, a través de su Palabra —la Biblia—, nos ha dicho mucho acerca de su reino y de su mundo invisible. En esa narración, ha revelado muchas cosas acerca de los seres celestiales que están bajo su imperio y que hacen su voluntad.

Los ángeles son una orden de seres trascendentes. Se muestra que son santos y se describen como carentes de sexo o género. Jesús en su ministerio terrenal, hablando de la resurrección y el reino venidero, dijo que estaremos sin identificación sexual en esa morada celestial, «como los ángeles» (Marcos 12:25). Sin embargo, no seremos ángeles en la vida venidera, al contrario de lo que algunos han creído desde la infancia. Dios deja en claro que no cambiamos de una especie a otra. Somos seres humanos redimidos y esperamos con fe el día de nuestra resurrección y glorificación como seres humanos redimidos. Los ángeles son un orden de seres creados; los humanos son otro (Hebreos 2:16).

Es probable que estemos más familiarizados con los ángeles como resultado de lo relativo a la historia de Navidad, ya que en ella vemos que fueron los ángeles los que anunciaron el nacimiento de Jesús, como relata el evangelista Lucas: «De repente apareció una multitud de ángeles del cielo, que alababan a Dios» (Lucas 2:13). El propio Jesús habló acerca de las «legiones» de ángeles. «¿Crees que no puedo acudir a mi Padre, y al instante pondría a mi disposición más de doce batallones de ángeles?» (Mateo 26:53). El autor de Hebreos se refiere a la cantidad de ellos como «millares y millares de ángeles» (Hebreos 12:22). Y Enoc, el séptimo patriarca a partir de Adán, profetizó acerca de ellos: «Miren, el Señor viene con millares y millares de sus ángeles» (Judas 14). Nadie puede responder de manera concluyente por qué Dios hizo tan numerosa la hueste celestial.

Volviendo al Antiguo Testamento, notamos que los ángeles aparentemente tuvieron alguna función en la creación. En su conversación con Job, Dios le respondió en cuanto a quien fue el que puso la «piedra angular» de la tierra (Job 38:6) y comentó que «todos los ángeles gritaban de alegría» (38:7). Los ángeles figuraron en la entrega de la ley, en el Sinaí. La ley, según el apóstol Pablo, «la ley se promulgó por medio de ángeles, por conducto de un mediador» (Gálatas 3:19).

Un ángel —cuyo nombre era Gabriel— se le apareció a la virgen María con el anuncio de que daría a luz a un Hijo al que llamaría Jesús (Lucas 1:26-31). Por otra parte, al contar la historia de Lázaro, el mendigo, Jesús declaró que «los ángeles se lo llevaron para que estuviera al lado de Abraham» (Lucas 16:22). Esa es una imagen que casi evoca los desfiles de bienvenida que se dan a los héroes de nuestra nación. Ese mendigo bendecido fue escoltado al recinto del cielo con los ángeles encabezando la procesión. Estoy convencido de que los ángeles de Dios tienen un papel muy importante en la preservación de los justos. Aunque la mayoría de nosotros no hablamos de eso, Jesús dijo acerca de los niños, «Porque les digo que en el cielo los ángeles de ellos contemplan siempre el rostro de mi Padre celestial» (Mateo 18:10).

En todo lo que Jesús dijo acerca de los ángeles, no hay palabras más significativas para nosotros —como miembros de una raza caída— que su declaración en cuanto a que «así mismo se alegra Dios con sus ángeles por un pecador que se arrepiente» (Lucas 15:10). ¡Qué clase de privilegio el que tienen los ángeles!

Leemos acerca de la agonía y el agobio de Jesús mientras oraba en el Huerto de Getsemaní con un tierno sentimiento. Cuando había orado hasta el punto de que se agotó mientras enfrentaba la traición y la crucifixión que se aproximaba, «se le apareció un ángel del cielo para fortalecerlo» (Lucas 22:43).

No debemos olvidar que en la resurrección de Jesús, los ángeles estaban muy presentes. Uno de ellos, por ejemplo, hizo rodar la piedra de la entrada a la tumba. También podemos notar que fueron los ángeles los que anunciaron a los angustiados seguidores de Jesús las gozosas nuevas de su resurrección.

Cualquiera que lo desee puede cubrirse los ojos con un revestimiento de incredulidad para así negar la existencia y la actividad de los ángeles. Pero al hacerlo, está negando una clara y determinante enseñanza bíblica.

Algunos protestan por la discusión sobre los ángeles, diciendo: «¡Seamos prácticos!». Con lo que quieren decir: «Limitemos nuestras consideraciones a los objetos tridimensionales percibidos por los sentidos». Se acerca un día en que las respuestas a nuestras preguntas serán claras. Ese día descubriremos que los ministerios de los seres angelicales son realmente prácticos y muy reales.

Ahora, es probable que se esté preguntando cuánta experiencia personal he tenido con seres angelicales. «¿Alguna vez he visto un ángel?».

Nunca he visto uno. Tampoco he dicho nunca que sea una persona visionaria. Mi llamado ha sido a orar, estudiar y tratar de encontrar en las Escrituras lo que Dios está haciendo y lo que ha prometido hacer. Proclamo la enseñanza de las Escrituras en cuanto a que los ángeles de Dios están ocupados en sus ministerios especiales. Baso esa observación en la Palabra de Dios, no en ninguna faceta de mi propia experiencia humana.

La Biblia no nos dice a ninguno de nosotros que dediquemos nuestro tiempo a tratar de ponernos en contacto con los ángeles, ni siquiera lo insinúa. Nos dice que los ángeles existen y que están ocupados en sus funciones. Su actividad se menciona con frecuencia en las Escrituras. No voy a saltarme esas referencias, ignorándolas, como hacen algunos. A veces hablamos del cuidado providencial de Dios sin saber realmente lo que decimos y lo que queremos decir. Algunos cristianos dan testimonio de las «coincidencias» que parecen surgir en sus vidas, tal vez se trate de dos cosas muy importantes que ocurran en el momento y lugar adecuados. Hace cientos de años, Tomás de Aquino escribió a la Iglesia cristiana diciendo: «La función de los ángeles de Dios es ejecutar el plan de la divina providencia, incluso en las cosas terrenales». Luego Juan Calvino siguió con su enseñanza de que «los ángeles son los dispensadores y administradores de la divina beneficencia para con nosotros».

Dios tiene sus propios métodos y medios para llevar a cabo sus planes a favor de sus hijos creyentes. No debemos pedirle al Señor una lista impresa de reglas sobre sus providencias y su guía. Si confiamos en el Espíritu, vivimos en el Espíritu y andamos en el Espíritu, nos daremos cuenta de que Dios siempre está de nuestro lado. Esto lo he comprobado en mi propia experiencia. Después de haber encontrado al Señor cuando era joven, asistía a una iglesia que parecía ser de muy poca ayuda espiritual para mí. En realidad, era el tipo de iglesia en la que sería fácil reincidir. Un domingo por la mañana me desperté de mal humor. «¡No voy a ir a la iglesia hoy!», decidí. Así que salí a caminar por el campo. No tenía palos de golf para usar como excusa. Tampoco le dije al Señor que iba a adorar en medio de la belleza de la naturaleza. Sabía dentro de mí que realmente estaba retrocediendo, yendo en la dirección equivocada ese domingo por la mañana.

Me desvié para caminar por un campo lleno de hierba. En medio de ese lugar, mi pie de repente pateó algo oculto en la hierba, algo rojo. Me agaché y cogí un viejo libro encuadernado en rojo. Parecía como si hubiera estado bajo la lluvia, se hubiera secado, hubiera llovido nuevamente y se hubiera secado otra vez. El libro no era un clásico literario antiguo. No era un libro de ficción barata. Era un manual cristiano: mil preguntas y respuestas para cualquier persona interesada en el estudio de la Biblia.

Lo abrí. Y después de haber escaneado algunas páginas de la enseñanza bíblica, me impresionó el hecho de que debería haber estado en la iglesia con otros creyentes esa mañana. Arrojé el libro al suelo y me dirigí a casa, preguntándome quién había puesto ese mensaje directamente en el camino de un desanimado chico cristiano que estaba demasiado triste para ir a la iglesia.

No estoy diciendo que el libro haya sido colocado allí por un ángel o algún otro visitante celestial en el lugar correcto. Con toda probabilidad, alguien que había pasado por el campo lo dejó caer en ese lugar. Pero, mediante la providencia de Dios, aquel pequeño libro rojo se convirtió ese día en el recordatorio que yo necesitaba para valorar la bondad y fidelidad de Dios en mi vida.

Recuerdo otra experiencia en mi nueva vida cristiana cuando era un joven inquieto. En realidad, estaba haciendo algunas «travesuras», como solíamos decir. Estaba lejos de casa, lejos de la iglesia y lejos de todo lo que era correcto. Pasaba los fines de semana como polizonte. Tenía poco dinero y solía viajar en los trenes de carga, montando furtivamente debajo de los vagones.

El Señor eligió un domingo en particular para enseñarme la lección que tenía que aprender. No recuerdo ahora qué pueblo estaba involucrado en el asunto, pero yo estaba involucrado y también el Señor. El tren de carga redujo la velocidad y frenó poco a poco hasta detenerse. El vagón en el que yo viajaba se detuvo cerca del patio de una iglesia. Apenas se había detenido el tren cuando empezaron a sonar las campanas de la iglesia. ¡Sonaron más fuerte e insistentemente que cualquier otra campana que haya escuchado antes o después!

He presenciado predicaciones excelentes con oradores muy dotados y con una fuerte convicción, pero ningún predicador me ha hecho sentir tal convencimiento de pecado en mi alma como lo hicieron aquellas campanas de esa iglesia ese domingo por la mañana. No sé si eran campanas de iglesias metodistas, presbiterianas o anglicanas. Pero me recordaron que no debía viajar en trenes de carga. Más bien, debería estar de regreso al lugar al que pertenecía. Y, créame, pronto volví a donde pertenecía, ¡y me enderecé espiritualmente también!

¿Cómo se arregló todo eso? El día correcto, la hora correcta, el lugar correcto. Si me hubiera acercado al conductor del tren para preguntarle si era un ángel el que había actuado en todo eso, lo más probable es que se habría sonreído, habría escupido un poco de tabaco sobre el alféizar de la ventana de la cabina y habría respondido: «¡No que yo sepa!». Pero de esto estoy seguro: cuando ese conductor frenó la locomotora, lo hizo porque la providencia de Dios determinó que me detuviera prácticamente en el patio de una iglesia, con las campanas suplicando: «¡Vuelve, joven! Vuelve, joven.

Lo que quiero decir es que Dios nos conoce tan bien que hace una serie de pequeñas cosas providenciales en el momento mismo en que más lo necesitamos. Creemos que lo hemos planeado y ejecutado todo por nosotros mismos, porque somos unos genios, porque nos las sabemos todas. Pero lo que ocurre es que no somos conscientes de que todo eso ha sido plan de Dios y que él ha estado delante de nosotros todo el tiempo.

Algunos años después, mientras leía el Salmo 71 en la conocida Versión Reina Valera, noté por primera vez las palabras: «Inclina a mí tu oído y sálvame» (71:2). Mi corazón ha estado ardiendo desde entonces con ese pensamiento. Dios envió su Palabra por toda la tierra para salvarme. Puede criticarme si lo desea. Haga lo que quiera con ese texto. Puede, incluso, tener algún problema teológico con eso. Pero Dios «inclina [su] oído a mí y me ha salvado», ¡y esas palabras fueron para mí!

Dios me vio solo, perdido, como un chico deambulando en la zona rural del oeste de Pensilvania, pero su mandamiento se extendió por toda su creación. Estoy convencido de que todos los ángeles del cielo oyeron eso. Por eso creí en el Hijo de Dios y por eso me entregué a él, con el fin de que me salvara.

Nada se puede comparar con este conocimiento. Dios y su Palabra están de mi lado. La Palabra viva de Dios se ha encargado de la responsabilidad de perdonarme, de limpiarme, de perfeccionar lo que me concierne y de guardarme en el camino eterno.

Vivimos en un mundo lleno de seres creados por Dios, muchos de ellos no vistos por nosotros o quienes nos rodean. Sin embargo, debemos agradecer a Dios por los ángeles y por las circunstancias providenciales en las que actúa todos los días a favor de nosotros. Como dijo hace mucho tiempo uno de los santos de la antigüedad: «¡Si agradeces a Dios por tus providencias, nunca te faltará una providencia por la cual agradecer a Dios!».

CAPÍTULO 6

JESÚS, ESTANDARTE DE JUSTICIA

El mensaje a los cristianos hebreos del primer siglo fue preciso y directo; además de que fue el mismo para cada uno de nosotros hoy: Permita que Jesucristo sea su motivación para amar la justicia y odiar la iniquidad. En nuestro siglo actual, nuestras obligaciones y responsabilidades espirituales no son diferentes. El carácter y los atributos de Jesús, el Hijo eterno, no han cambiado ni han de cambiar.

> Pero con respecto al Hijo dice: «Tu trono, oh Dios, permanece por los siglos de los siglos, y el cetro de tu reino es un cetro de justicia. Has amado la justicia y odiado la maldad; por eso Dios, tu Dios, te ha ungido con aceite de alegría, exaltándote por encima de tus compañeros».
>
> —HEBREOS 1:8-9

Sin excusa

La gente tiene por tendencia relegar todo lo relativo al imperio de la justicia o la iniquidad a la deidad, cualquiera que sea el concepto que tenga de deidad. Para el verdadero cristiano, sin embargo, nuestro Señor resucitado nos hizo una promesa antes de su muerte y resurrección. Esa promesa elimina efectivamente nuestras excusas y nos hace responsables:

> Pero, cuando venga el Espíritu de la verdad, él los guiará a toda la verdad, porque no hablará por su propia cuenta, sino que dirá solo lo que oiga y les anunciará las cosas por venir. Él me glorificará porque tomará de lo mío y se lo dará a conocer a ustedes. Todo cuanto tiene el Padre es mío. Por eso les dije que el Espíritu tomará de lo mío y se lo dará a conocer a ustedes.
>
> —Juan 16:13-15

Admitiré con presteza que no somos Dios. No podemos hacer por nosotros mismos lo que Dios puede hacer. Pero él nos creó como seres humanos, por lo que si tenemos la unción del Espíritu Santo y su presencia en nuestras vidas, deberíamos poder hacer lo que Jesús, el Hijo del Hombre, pudo hacer en su ministerio terrenal.

Por favor, no cierre este libro ni le dé la espalda cuando le hable de la manera en que creí. Estoy persuadido de que nuestro Señor Jesús, mientras estuvo en la tierra, no realizó sus poderosas obras con la fuerza de su deidad. Creo que las hizo con la fuerza y la autoridad de su humanidad ungida por el Espíritu.

Mi razonamiento es el siguiente: si Jesús hubiera venido a la tierra y hubiera realizado su ministerio en el poder de su deidad, lo que hizo habría sido aceptado como algo natural. ¿No puede Dios hacer lo que quiera hacer? Nadie hubiera cuestionado sus obras como labores de Dios. Pero Jesús puso un velo a su deidad y ministró como hombre. Sin embargo, es digno de mención que no comenzó su ministerio —sus obras de autoridad y poder— hasta que fue ungido con el Espíritu Santo.

Sé que hay eruditos y expertos en teología que contenderán con mi conclusión. Sin embargo, mantengo lo que he expuesto. Jesucristo, en el poder y la autoridad de su humanidad ungida por el Espíritu, calmó las olas, calmó los vientos, sanó a los enfermos, dio vista a los ciegos, ejerció completa autoridad sobre los demonios y resucitó a los muertos. Hizo todas las cosas milagrosas que se sintió impulsado a hacer entre los hombres, no como Dios —lo cual no habría sido milagroso de manera absoluta—, sino como un hombre ungido por el Espíritu. ¡Eso sí es notable!

Por eso digo que Jesucristo ha quitado nuestras excusas humanas para siempre. Él se limitó al mismo poder que cualquiera de nosotros tenemos hoy a nuestra disposición, el poder del Espíritu Santo. Repase conmigo el mensaje del apóstol Pedro a Cornelio y su casa gentil:

> Me refiero a Jesús de Nazaret: cómo lo ungió Dios con el Espíritu Santo y con poder, y cómo anduvo haciendo el bien y sanando a todos los que estaban oprimidos por el diablo, porque Dios estaba con él.
>
> HECHOS 10:38

La Carta a los Hebreos dice que la unción que Dios puso sobre Jesús fue una muy superior a la de sus compañeros.

Siento que la «unción más que a sus compañeros» no fue dada porque Dios eligió ungirlo así, sino porque él estaba dispuesto. ¡Él podría ser ungido hasta ese punto!

¿Qué significaba la unción?

Al revisar el sacerdocio levítico, descubrimos un ritual en cuanto a la unción con un aceite sagrado especialmente preparado. Algunas hierbas con olores penetrantes se mezclaban en el aceite, haciéndolo fragante y aromático. Era algo único; es probable que en Israel no se usara esa fórmula para ningún otro aceite. Cuando un sacerdote era apartado y ungido, el aceite era un tipo vívido de la unción del Espíritu Santo en el Nuevo Testamento. El aceite de la santa unción solo podía usarse para la unción de hombres con ministerios especiales: sacerdotes, como he indicado, reyes y profetas. No era para la persona carnal y pecadora.

En Levítico leemos sobre la consagración de Aarón como primer sumo sacerdote. El aceite de la unción y la sangre del altar se mencionan juntos: «Moisés tomó un poco del aceite de la unción y de la sangre del altar, y roció a Aarón y a sus hijos, junto con sus vestiduras. Así consagró Moisés a Aarón y a sus hijos, junto con sus vestiduras» (8:30).

La fragancia del aceite de la unción era exclusiva. Si alguien se acercaba a un sacerdote del Antiguo Testamento, podía decir inmediatamente: «Huelo a un hombre ungido. ¡Huelo el aceite sagrado!». El aroma, lo fuerte, la fragancia, se percibían al momento. Esa clase de unción no podía mantenerse en secreto.

En el Nuevo Testamento, cuando vino el Espíritu Santo, su presencia tenía toda la lista de fragancias que se encuentran en el aceite de la santa unción. Cuando los creyentes del Nuevo Testamento fueron ungidos, esa unción fue evidente. Léalo en el Libro de los Hechos. «Todos fueron llenos del Espíritu Santo» (Hechos 2:4). «Todos fueron llenos del Espíritu Santo, y proclamaban la palabra de Dios sin temor alguno» (4:31). «Pero Esteban, lleno del Espíritu Santo, fijó la mirada en el cielo y vio la gloria de Dios» (7:55). «Mientras Pedro estaba todavía hablando, el Espíritu Santo descendió sobre todos los que escuchaban el mensaje» (10:44). La lista continúa.

El Espíritu Santo no ha cambiado. Su poder y su autoridad no han cambiado. Todavía es la tercera Persona de la Deidad eterna. Él está entre nosotros para enseñarnos todo lo que necesitamos saber acerca de Jesucristo, el eterno Hijo de Dios.

Estoy sugiriendo —de hecho, estoy afirmando— que nadie entre nosotros, hombre o mujer, puede ser ungido genuinamente con el Espíritu Santo y esperar mantener eso en secreto. Su unción será evidente.

La unción no es un secreto

Cierto hermano cristiano me confió una vez que había tratado de mantener en secreto la plenitud del Espíritu en su propia vida. Se había comprometido, en oración, a vivir para Dios. En respuesta a su plegaria, Dios lo había llenado del Espíritu Santo. Sin embargo, se dijo a sí mismo: «¡No puedo contarle a nadie nada de esto!».

Pasaron dos días. Al tercero, su esposa lo tocó en el brazo y le preguntó: «Everett, ¿qué te ha pasado? ¡Te ha sucedido algo!». Y, como un arroyo estancado a punto de desbordarse, su testimonio fluyó. Había recibido la unción del Espíritu Santo. La fragancia no se pudo ocultar. Su esposa lo sabía en casa. Su vida cambió. Las gracias espirituales y los frutos de la vida consagrada no se pueden esconder. Es una unción con aceite de alegría y gozo.

¡Me alegra decirles a todos que el poder del Espíritu es un poder gozoso! Nuestro Salvador, Jesucristo, vivió su hermosa y santa vida en la tierra e hizo sanidades y poderosas obras salvadoras con la fuerza de este óleo de alegría.

Debemos admitir que había más del sacro aceite de Dios en la cabeza de Jesús que en la cabeza de usted o en la mía, o en la de cualquier otra persona que haya vivido. Eso no quiere decir que Dios le negará lo mejor a nadie. Pero el Espíritu de Dios solo puede ungir en proporción a la voluntad que encuentra en nuestras vidas. En el caso de Jesús, se nos dice que tenía una unción especial porque amaba la justicia y odiaba la iniquidad. Eso seguramente nos da la pista que necesitamos con respecto a la clase de personas que debemos ser para recibir a cabalidad la unción y la bendición del Dios todopoderoso.

Cuando Jesús estuvo en la tierra, no era la persona indiferente, pálida y sin espinas que a veces se presenta en las pinturas y la literatura. Era un hombre fuerte, un hombre con una voluntad de acero. Pudo amar con un amor tan intenso que lo consumió. Pudo odiar con el odio más fuerte que podía contra todo lo malo, egoísta, indigno y pecaminoso.

Siempre habrá alguien que lo objete cuando usted haga una declaración como esa. «No puedo creer tales cosas sobre Jesús. ¡Siempre pensé que odiar era pecado!».

Estudie larga y detenidamente la historia y las enseñanzas de Jesús mientras estuvo en la tierra. En ellas está la respuesta. Es pecado para los hijos de Dios no odiar lo que debe ser odiado. Nuestro Señor Jesús amaba la justicia, pero aborrecía la iniquidad. ¡Creo que podemos decir que odiaba el pecado, el mal y la maldad a la perfección!

Debemos odiar algunas cosas

Si somos cristianos comprometidos, consagrados, verdaderos discípulos de Cristo crucificado y resucitado, hay algunas cosas que debemos afrontar.

No podemos amar la honestidad sin odiar la deshonestidad.

No podemos amar la pureza sin odiar la impureza.

No podemos amar la verdad sin odiar la mentira y el engaño.

No podemos amar la justicia sin odiar la injusticia.

Si pertenecemos a Jesucristo, debemos odiar el mal así como él odió el mal en todas sus manifestaciones. La capacidad de Jesucristo para odiar lo que estaba en contra de Dios y amar lo que estaba lleno de Dios fue la fuerza que lo hizo capaz de recibir la unción, el óleo de alegría, en su justa medida. La imperfección en cuanto a amar el bien y odiar el mal, debido a nuestra naturaleza humana, es lo que nos impide recibir el Espíritu Santo en su justa medida. Dios nos lo impide porque no estamos dispuestos a imitar a Jesús en la manera en que derramó su gran amor por lo que es correcto y en la forma en que expresó su odio por lo que es malo.

Odie el pecado, pero ame al pecador

Hay una pregunta que siempre surge: «¿Odió nuestro Señor Jesucristo a los pecadores?». Ya conocemos la respuesta. Él amó al mundo «de tal manera» que dio su vida en rescate por la humanidad. Sí, sabemos muy bien que Jesús amaba a todos los pecadores.

Jesús no odió nunca a un pecador, pero odiaba la maldad y la depravación que controlaba al pecador; y todavía aborrece eso. No odiaba al orgulloso fariseo, pero detestaba el orgullo y la apariencia de justicia que ostentaba. No odió a la mujer sorprendida en adulterio. Pero actuó contra la prostitución que la convirtió en lo que era.

Jesús odiaba al diablo y a esos espíritus malignos que desafió y expulsó. Los cristianos de hoy en día hemos sido engañados y nos han lavado el cerebro, al menos de una manera general, por una generación de predicadores blandengues e indulgentes. Quieren hacernos creer que para ser buenos cristianos debemos ser capaces de ronronear suavemente y aceptar todo lo que viene junto con la tolerancia y la comprensión cristianas. Tales ministros nunca mencionan palabras como celo, convicción y compromiso. Evitan frases como «defender la verdad», «vivir por Cristo» o «ser santos». Estoy convencido de que un cristiano consagrado mostrará un celoso interés por la causa de Cristo. El cristiano ha de vivir cada día con un conjunto de convicciones espirituales extraídas de la Biblia. El creyente ha de ser uno de los más difíciles de mover —junto con la humildad dada por Dios— de su posición por Cristo. Entonces, ¿por qué algunos ministros cristianos se han apartado tanto de las exhortaciones de amar la justicia con un amor grande y abrumador, y de odiar la iniquidad con una repulsión profunda y apremiante?

¿Por qué no hay persecución?

La gente comenta lo favorecida que es la iglesia en este país. No tiene por qué afrontar la persecución y el rechazo. Si se supiera la verdad, sabríamos que la libertad que disfrutamos se debe a que hemos tomado el camino fácil, el popular. Si amáramos la justicia hasta al punto que se convirtiera en una pasión abrumadora, si renunciáramos a todo lo que es malo, nuestro tiempo de libertad y complacencia terminaría rápidamente. El mundo se volvería muy pronto contra nosotros. ¡Somos demasiado indulgentes! ¡Somos demasiado tolerantes! ¡Estamos demasiado ansiosos por ser aceptados, por ser populares! ¡Somos demasiado rápidos para dar excusas por el pecado en sus muchas y variadas formas! Si pudiera incitar a los cristianos a mi alrededor a amar a Dios y odiar el pecado, hasta el punto de que me convierta en alguien molesto, me regocijaría. Si algún cristiano me llamara para pedirme consejo y me dijera que está siendo perseguido por causa de Jesús, yo le diría con sentimiento: «¡Gracias a Dios!».

Vance Havner solía comentar que muchos andan corriendo por algo cuando deberían estar defendiéndolo. ¡El pueblo de Dios debería estar dispuesto a detenerse! Nos han lavado tanto el cerebro de tantas maneras que los cristianos tenemos miedo de hablar en contra de la impureza en cualquier forma. El enemigo de nuestras almas nos ha persuadido de que el cristianismo debería ser algo bastante casual, ciertamente no algo por lo cual apasionarse.

Compañero cristiano, tenemos poco tiempo. No vamos a estar aquí mucho tiempo. Nuestro Dios trino exige que nos dediquemos a las cosas que permanecerán cuando el mundo esté en llamas, porque el fuego determina el valor y la calidad del trabajo de cada persona. He compartido estas cosas con ustedes porque soy de la opinión de que el óleo alegre, la unción bendita del Espíritu Santo, no está teniendo la oportunidad de fluir libremente entre los miembros de la iglesia de nuestros días. Difícilmente podemos esperar una renovación espiritual con su correspondiente avivamiento entre aquellos que orgullosamente se clasifican a sí mismos como liberales. Rechazan la deidad de Cristo, la inspiración de la Biblia y los ministerios divinos del Espíritu Santo. ¿Cómo puede el aceite de Dios fluir y bendecir a los que no creen en tal óleo de alegría? Pero, ¿qué pasa con nosotros, los de la persuasión evangélica con nuestro enfoque bíblico de la verdad fundamental y la enseñanza del Nuevo Testamento? Debemos preguntarnos por qué el aceite de Dios no fluye notoriamente a nuestro alrededor. Tenemos la verdad. Creemos en la unción y la devoción. ¿Por qué no fluye el aceite?

Somos condescendientes con el mal

Creo que la razón es que somos tolerantes con el mal, demasiado condescendientes a veces. Permitimos lo que Dios odia porque queremos que el mundo nos conozca como cristianos bondadosos y agradables. Nuestra postura indica que lo último que nos gustaría oír es que alguien dijera que somos de mente estrecha, que somos chapados a la antigua, que no estamos en la onda.

El camino hacia el poder espiritual y el favor de Dios implica estar dispuestos a dejar atrás los débiles compromisos y los tentadores males a los que estamos propensos a aferrarnos. No hay victoria ni bendición cristiana si nos negamos a apartarnos de las cosas que Dios aborrece.

Aun cuando a su esposa le encante, apártese de eso. Aunque a su esposo le agrade, apártese de eso.

Aun cuando sea aceptado en toda la clase social y el sistema del que usted forma parte, apártese de eso.

Aun cuando sea algo que ha llegado a ser aceptado por toda nuestra generación, apártese de eso si es malo e incorrecto y más aún si constituye una ofensa para nuestro santo y justo Salvador.

Estoy siendo tan franco y perspicaz como me es posible. Sé que carecemos del valor y la alegría que deben caracterizar al consagrado pueblo de Dios. Y eso me preocupa. En lo profundo de la voluntad humana con la que Dios nos ha dotado, cada cristiano tiene la clave para su propio logro espiritual. Si él o ella no paga el precio de ser guiado con gozo por el Espíritu Santo de Dios, si él o ella se niega a odiar el pecado y la maldad y el mal, nuestras iglesias también podrían convertirse en logias o clubes.

¡Oh hermano, hermana! Dios no ha dejado de amarnos. El Espíritu Santo todavía es fiel a nosotros. Nuestro Señor Jesucristo está a la diestra de la Majestad en el cielo, representándonos allí, intercediendo por nosotros. Dios nos pide que mantengamos nuestro amor y nuestra devoción por él. Se acerca el día en que el fuego del juicio ha de probar el trabajo de todos. Se consumirán el heno, la madera y el rastrojo de los logros mundanos. Dios quiere que conozcamos la recompensa del oro, la plata y las piedras preciosas.

Seguir a Jesucristo es un asunto serio. ¡Dejemos de ser negligentes en cuanto al cielo, el infierno y el juicio venidero!

CAPÍTULO 7

JESÚS, EL VERBO ETERNO

El mensaje inspirado de hace más de dos mil años a los cristianos hebreos en apuros fue un llamamiento conmovedor a que depositaran su plena confianza en el poder de la Palabra de Dios. Cuando Dios habla, dijo el escritor, en efecto, todos deben obedecer. El autor de la Carta a los Hebreos declaró:

> Ciertamente, la palabra de Dios es viva y poderosa, y más cortante que cualquier espada de dos filos. Penetra hasta lo más profundo del alma y del espíritu, hasta la médula de los huesos, y juzga los pensamientos y las intenciones del corazón.
>
> —HEBREOS 4:12

Ese mismo mensaje continúa a lo largo de la carta con recordatorios de la relación de la Palabra de Dios con el universo del cual somos parte. Se nos dice que la Palabra de

Dios resuena a través de toda la creación de Dios, guardando, sustentando y transformando.

La Palabra de Dios es más que la Biblia

Los creyentes cristianos cometen un gran error cuando se refieren únicamente a la Biblia como la Palabra de Dios. Es cierto que la Biblia inspirada es la Palabra de Dios que nos habla al corazón y al alma. Pero al referirnos a la Palabra de Dios, no nos referimos solo al libro: páginas impresas encuadernadas con las técnicas más avanzadas. Más bien, nos referimos a la expresión eterna de la mente de Dios. ¡Nos referimos al aliento de Dios que llena al mundo!

La Palabra de Dios y la revelación de Dios son mucho más que los libros del Antiguo y Nuevo Testamento. No obstante, invariablemente me regocijo al descubrir en lo profundo del llamado urgente de uno de los profetas del Antiguo Testamento un reconocimiento repentino de la Palabra hablada de Dios. Por ejemplo, observe este mensaje del profeta Jeremías: «¡Tierra, tierra, tierra! ¡Escucha la palabra del Señor!» (Jeremías 22:29).

Piense en el cambio que habría en el mundo si hombres y mujeres de repente hicieran una pausa para escuchar la Palabra del Señor. Siendo la Palabra de Dios lo que es, y siendo Dios quien es, y los seres humanos lo que somos, estoy seguro de que lo más gratificante que podríamos hacer sería detenernos y escuchar la Palabra de Dios. Ya sea que el hombre o la mujer lo crea o no, la Palabra de Dios es una de las más grandes realidades que él o ella enfrentará en su vida. Él o ella pueden negar la Palabra y la presencia de Dios, descartándolas a ambas como irreales. Pero de la Palabra de Dios viva y hablante no se puede escapar. Tampoco es negociable. La verdadera Iglesia cristiana siempre ha ocupado esa posición. No hay un hombre ni una mujer sobre la faz de la tierra, que no necesite la autoridad de la Palabra de Dios, ya sea ahora o más tarde. ¡Cuán sorprendidos estarán algunos de ellos en el próximo día del juicio cuando la eterna Palabra de Dios deba ser respondida!

La Palabra de Dios es la revelación de la verdad divina que el propio Dios nos ha dado. Ha venido en el mensaje y el atractivo de las sagradas Escrituras. Viene en la convicción que nos ha visitado por el Espíritu Santo. Viene en la persona de Jesucristo, el Hijo de Dios, la Palabra viva de Dios.

La Palabra de Dios es poderosa

Ahora bien, hablemos sobre el poder de Dios. En esta era nuclear en la que vivimos, cuando pensamos en el poder supremo, lo que más rápido llega a nuestras mentes son las armas nucleares. Hace años, usábamos la palabra núcleo muy a menudo. El núcleo era el centro. Nunca imaginamos que la palabra «nuclear» llegaría a tener una connotación tan terrible como la que ahora posee.

Los creyentes en Cristo, de entre todas las personas, deberían tener una visión sensata de la «amenaza nuclear». ¿Qué es lo que atrae a los neutrones, de una manera tan irrestricta, al núcleo del átomo? Mi respuesta: el aliento vivo de Dios hablando en su mundo. Lo que atrae a los neutrones al núcleo es Jesús, el Hijo, el cual es el resplandor de la gloria de Dios, la fiel imagen de lo que él es, y el que sostiene todas las cosas con su palabra poderosa (Hebreos 1:3). Al considerar mi respuesta, algunos creerán que he perdido mis cabales. Pero cuando Dios habla a través del apóstol Pablo y afirma que «En él todas las cosas subsisten» (Colosenses 1:17), no puedo más que creer que lo que pienso es la verdad sencilla y llanamente. La versión de la Biblia Nueva Traducción Viviente lo dice con más claridad: «Él ya existía antes de todas las cosas y mantiene unida toda la creación» (Colosenses 1:17). Pocos liberales o modernistas estarán de acuerdo conmigo en este punto de vista. Ellos no pierden tiempo a la hora de rechazar la soberanía de Dios y su poder. *Pero eso los asusta.* Dado el mundo en el que vivimos, el punto de vista más seguro que una persona puede tener es el que yo sostengo. La voz de Dios llena el mundo que él hizo y Jesucristo, la Palabra viva, mantiene todo unido.

La Palabra de Dios habla de la vida humana, esta vida tan obviamente mortal. La Palabra de Dios habla a la conciencia humana, una conciencia que está muy consciente del pecado. La Palabra de Dios habla del pecado humano, exponiendo su naturaleza atroz y ofensiva.

Este puede ser un pensamiento útil para usted. La Palabra de Dios está determinada a hablar a la conciencia del hombre, pero no lo acusa. No presenta acusaciones contra el individuo. Más bien, las demuestra, expone sus juicios. Y condena. Hay una diferencia entre acusar y condenar.

En un tribunal, cuando un presunto delincuente se presenta ante el juez, es porque existe una acusación específica por una violación cometida por el delincuente. Hay un acusador y hay pruebas destinadas a respaldar la acusación. Solo si el juez es convencido por la evidencia y el argumento, declarará culpable al presunto infractor. La convicción de la Palabra de Dios es diferente.

La Palabra de Dios no hace diferencia de ningún tipo entre las personas, en lo que se refiere al pecado. No se enfrenta a uno ni al otro y dice: «Eres pecador». Al contrario, afirma que todos han pecado. Juan Pérez o María Salas o cualquier otro hombre o mujer sabrán que son pecadores por la voz viva de Dios.

Vaya a la Palabra de Dios y encontrará que el pecado es el problema más apremiante, más urgente, más imperativo en la vida del individuo y en la sociedad misma. El problema más inminente no es la enfermedad. No es la guerra. No es la pobreza. No son los derechos humanos. No es la desigualdad. El problema básico y más apremiante del ser humano es el *pecado*, y lo es porque el pecado tiene que ver con el alma de la persona. El pecado no se relaciona simplemente con los breves años de una persona en esta tierra. El pecado tiene que ver con el futuro eterno de esa persona y el mundo venidero.

La seriedad de la cuestión del pecado es algo que nadie ha exagerado jamás. Es una cuestión que sigue vigente edad tras edad. Es pertinente a todo ser humano: «¿Qué voy a hacer con el pecado?». Esa pregunta tiene precedencia sobre todas las demás interrogantes que se nos pide que respondamos. Ya sea que seamos mundialmente famosos o un simple miembro anónimo de la raza humana, debemos hacer confesión acerca de nuestra relación con el pecado.

Si cada uno de nosotros está dispuesto a ser franco, debemos responder: «He estado involucrado en el pecado. He jugado con eso. Lo he probado y me ha perjudicado. El virus del pecado ha entrado en mi corriente sanguínea. Ha condicionado mi mente; ha afectado mi juicio. Confieso que he sido un colaborador deliberado del pecado».

Sin embargo, el pecado es más que una enfermedad. Es una deformidad del espíritu, una anomalía en la parte de la naturaleza humana que más se parece a la de Dios. Y el pecado también es un crimen capital. Es una traición contra el gran Dios todopoderoso que hizo los cielos y la tierra. El pecado es un crimen contra el orden moral del universo. Cada vez que un hombre o una mujer ataca la naturaleza moral y el reino de Dios, actúa contra el gobierno moral de todo el universo.

¿Cuál es el resultado de todo eso?

Los pecadores siempre están tratando de sumar cosas con el objeto de ver hasta dónde deben llegar para lidiar con el problema del pecado en sus vidas. Pero su conciencia moral, si la escuchan con franqueza, les informa que solo algún gran recurso de mérito ajeno a ellos mismos puede satisfacer tal obligación. Están de cabeza en deuda moral con el Dios que hizo el cielo y la tierra. Cada ser humano tiene algunas cosas que cree que son lo suficientemente buenas como para ponerlas en el fondo necesario de los méritos, pero nunca son suficientes para pagar la deuda.

Una palabra describe al pecador: rebelde. El ser humano es un rebelde, no solo está en rebelión contra su propia especie, sino contra Dios y su reino. Supongamos que un criminal convicto, encerrado en una de las cárceles de Londres, pidiera una audiencia con la reina de Inglaterra. Un individuo así, que ha violado todo lo que simboliza la realeza, la constitución y las leyes, que es un delincuente confeso y condenado, tendría que ser perdonado antes de que se contemplara algo como obtener esa audiencia con la reina. Tendría que cambiar su estilo de vida, porque un sedicioso no podría entrar en presencia de la reina.

Empero, sería necesario algo más, aparte de todo lo anterior. Tendría que cambiar su atuendo de prisionero por una vestimenta adecuada. Debe estar limpio y arreglado para la ocasión, solo así podría esperar ser presentado a la reina. Esa ilustración, por imperfecta que sea, es una imagen de la difícil situación del pecador. Si este desea estar en comunión ante un Dios santo, lo primero que debe suceder es que cese su rebelión; además, debe haber perdón y misericordia, debe haber limpieza y unas nuevas vestiduras de justicia. La sangre de Jesucristo fue derramada con ese propósito. El eterno Hijo de Dios hizo todo eso, se hizo pecado por los pecadores, sufrió condena sin haber cometido delito alguno, el justo murió por los injustos. El que hizo el mundo, el que sostiene todas las cosas con la palabra de su poder se convirtió —mediante un acto asombroso y extraordinario— en el blanco de todas las miserias del ser humano más vil.

El autor de la Carta a los Hebreos atestigua que el Hijo, «Después de llevar a cabo la purificación de los pecados, se sentó a la derecha de la Majestad en las alturas» (1:3). Este es el mensaje fundamental y vital del cristianismo. Este es el testimonio que la Iglesia cristiana, si es fiel a la revelación que Dios le ha dado, debe seguir proclamando al mundo. Cristo Jesús vino a la tierra a sufrir la humillación de la muerte. Vino a lidiar con la cuestión del pecado como solo Dios podía hacerlo.

En la Biblia tenemos el amplio registro de ese día, en la plenitud de los tiempos, cuando nuestro Señor Jesucristo colgó entre el cielo y la tierra en la cruz del Calvario. El Cordero de Dios, que había venido voluntariamente a quitar los pecados del mundo, estaba cumpliendo su misión. Nadie en la tierra podría ayudarlo. En esas horas atroces, después de que los hombres malvados lo clavaron en la cruz, el Padre que está en los cielos bajó las persianas; prevaleció la oscuridad. Ahí estaba el Hijo eterno, padeciendo una muerte horrible para purgar nuestros pecados. Solo sufrió. Solo murió. Pero con ese sufrimiento y esa muerte realizó el sacrificio que tiene eficacia perpetua.

Un sacrificio de una vez y por todas

Necesito decir algo aquí sobre la gran diferencia de puntos de vista que hay en la cristiandad con respecto al significado completo del sacrificio de Jesús. La enseñanza protestante siempre ha sido inequívoca: la muerte de Cristo fue un sacrificio terminado cuya eficacia es perpetua, algo que nunca se repetirá. Sin embargo, he leído los escritos de otros teólogos que describen de manera dramática que el Salvador muere una y otra vez, en cada ocasión que se hace la misa, cada vez que se ofrece el sacramento. Un grupo insiste en que la muerte sacrificial de Cristo sucedió una sola vez y que su eficacia es imperecedera. Otro grupo enseña que el acto de Cristo es perpetuo y repetible.

Si el Cristo de usted debe morir todos los domingos (o todos los sábados), entonces debe concluir que su sacrificio fue efectivo solo por una semana. Pero si Jesucristo realizó un acto eficaz y único, por sí mismo, entonces esa obra es buena para siempre y por la eternidad. Es cierto que hay una diferencia vital entre estos dos puntos de vista.

¿Qué enseñan las Escrituras? La Palabra de Dios enseña que «Cristo murió por los pecados una vez por todas, el justo por los injustos, a fin de llevarlos a ustedes a Dios» (1 Pedro 3:18). Hecho una vez, ese sacrificio eficaz no podrá repetirse nunca más.

La muerte y la resurrección de Cristo han resuelto la cuestión del pecado. Al creer en las buenas nuevas, ahora somos perdonados y limpiados, somos purificados de nuestros pecados.

Más y mejores noticias buenas

El perdón y la limpieza que brinda el sacrificio de Jesucristo —hecho de una vez por todas— es solo una parte de las buenas nuevas. Jesús murió, pero resucitó de entre los muertos. Y, después de su resurrección, ascendió para sentarse a la diestra de la Majestad en el cielo. En una era en que la moralidad está en franco declive y en rebelión abierta contra Dios y contra su Ungido, podemos consolarnos con la revelación de que una Presencia majestuosa y dominante reside en la gloria.

La Majestad todavía llena el salón del trono del cielo. Los ángeles, los arcángeles, los serafines y los querubines continúan con su alabanza celestial cantando «Santo, santo, santo, Señor Dios Todopoderoso». Este no es un concepto descabellado de un culto marginal. Esto proviene directamente de la Palabra de Dios, que dice que Jesús «Después de llevar a cabo la purificación de los pecados, se sentó a la derecha de la Majestad en las alturas» (Hebreos 1:3). Jesús volvió a la posición que había ocupado a lo largo de las épocas pasadas.

Un obrero cristiano ferviente y estudioso de la Biblia, con quien he sostenido correspondencia por algún tiempo, lamenta el hecho de que nuestra predicación y enseñanza cristianas no identifiquen con más claridad al Jesús resucitado y ascendido como *Hombre*. Ese amigo ha cuestionado a algunos predicadores y maestros cristianos, muchos de ellos bien conocidos, con la siguiente pregunta: «¿Cree usted que Jesucristo, ahora a la diestra de Dios, es un hombre u otra clase de ser?». Muy pocos de esos líderes cristianos creen que Jesús, ahora, es un Hombre glorificado. Creen que él fue hombre mientras estuvo aquí en la tierra, pero tienden a creer que ahora es espíritu.

Después de su resurrección de entre los muertos, Jesús se les apareció a sus discípulos e instó a Tomás a palpar las marcas de las heridas que tenía en su carne. Qué bendito significado tuvieron sus palabras para aquellos temerosos discípulos: «Miren mis manos y mis pies. ¡Soy yo mismo! Tóquenme y vean; un espíritu no tiene carne ni huesos, como ven que los tengo yo» (Lucas 24:39).

Ya sea que los hombres y mujeres de esta época estén de acuerdo en la exaltación de Jesucristo Hombre, nosotros en la familia de Dios hemos escuchado sus palabras y conocemos el testimonio del Nuevo Testamento: «A este Jesús, Dios lo resucitó, y de ello todos nosotros somos testigos. Exaltado por el poder de Dios, y habiendo recibido del Padre el Espíritu Santo prometido, ha derramado esto que ustedes ahora ven y oyen» (Hechos 2:32-33).

El apóstol Pablo le dijo a Timoteo: «Porque hay un solo Dios y un solo mediador entre Dios y los hombres, Jesucristo hombre, quien dio su vida como rescate por todos. Este testimonio Dios lo ha dado a su debido tiempo» (1 Timoteo 2:5-6). Esto debe contarse como una gran victoria para los creyentes cristianos de nuestros días. Jesús es Hombre y está entronizado a la diestra de Dios. ¡Eso es muy significativo!

Estamos unidos a Jesús

Nadie ha dicho, ni en la Biblia ni en ninguna otra parte, que Jesús fue el Dios victorioso; Dios siempre es victorioso. ¿Cómo podría el Dios soberano ser algo menos que victorioso? Más bien, sumamos nuestra posición a la de los primeros creyentes cristianos que vieron en Jesús al Hombre que está en el cielo. Jesús es un hombre victorioso; de manera que si estamos en él, también podemos ser victoriosos. A través del nuevo nacimiento, el milagro de la regeneración, hemos sido traídos por fe al reino de Dios. Como cristianos, debemos reconocer que nuestra naturaleza se ha unido a la naturaleza divina a través del misterio de la encarnación. Jesús ha hecho todo lo posible para que su pueblo incrédulo vea que tenemos el mismo lugar en el corazón de Dios que él. No lo hace porque seamos dignos de ello, sino porque él es digno y es la Cabeza de la Iglesia. Él es el Hombre que nos representa ante Dios. Jesús está en el trono representándonos a nosotros, tanto a usted como a mí.

Jesús es el Hombre Modelo según el cual somos modelados en nuestra fe y nuestra comunión cristiana. Por eso no nos dejará solos nunca. Él no nos abandonará. Con su sacrificio, Jesús hizo que tuviéramos ojos para ver mucho más que lo que vemos en este mundo que nos rodea. Él hizo que tuviéramos ojos de fe para ver a Dios en el reino de los cielos y a él mismo, nuestro Hombre en gloria. Jesús es el Hombre que nos representa ante Dios. Somos más que victoriosos.

CAPÍTULO 8

JESÚS, EL QUE CUMPLE LAS PROMESAS DE DIOS

¿**H**ay alguien entre nosotros, algún ser humano, que no haya experimentado la tristeza y la decepción de una promesa no cumplida? Más de un par de veces hemos escuchado una disculpa, una excusa, tal vez una pura invención: «Lo siento. Pensé que podía hacer lo que te prometí, pero veo que no es humanamente posible».

Ese es el lenguaje y la experiencia de los seres humanos. Todo lo contrario, es nuestra experiencia cuando nos relacionamos con Dios. Todas las promesas de Dios son seguras. Son tan confiables como su carácter. Así es como lo expresa el escritor de la Carta a los Hebreos:

> Cuando Dios hizo su promesa a Abraham, como no tenía a nadie superior por quien jurar, juró por sí mismo, y dijo: «Te bendeciré en gran manera y multiplicaré tu descendencia». Y así, después de esperar

con paciencia, Abraham recibió lo que se le había prometido.

—HEBREOS 6:13-15

Debo confesar que, en mi ministerio, me he mantenido repitiendo algunas de las cosas que sé acerca de Dios y sus fieles promesas. ¿Por qué insisto en que todos los cristianos deben conocer por sí mismos la clase de Dios al que aman y sirven? Lo hago porque todas las promesas de Dios descansan por completo sobre su carácter.

¿Por qué insisto en que todos los cristianos deben escudriñar las Escrituras y aprender todo lo que puedan acerca de este Dios que está tratando con ellas? Es porque su fe solo brotará de manera natural y gozosa cuando descubran que nuestro Dios es digno de confianza y plenamente capaz de cumplir todas las promesas que ha hecho.

Dios no cambia

Esta palabra concerniente a la fidelidad total de Dios es un mensaje vibrante, positivo y constante en la Epístola a los Hebreos. Aquellos a quienes estaba escrito principalmente estaban padeciendo la persecución. Estaban sufriendo por causa de Cristo. El enemigo de sus almas estaba ocupado sembrando dudas en cuanto a los planes de Dios para ellos y las promesas de Dios para sus vidas. Es probable que Satanás estuviera sembrando inquietud acerca del carácter mismo de Dios, que se había revelado a sí mismo en un nuevo pacto de gracia, habiéndolo sellado con la sangre de Jesús, el Cordero de Dios.

En este punto, quiero compartir una conclusión a la que he llegado en el estudio que he sostenido con las Escrituras. He llegado a creer que todas las promesas de Dios se han hecho para asegurarnos, a los seres humanos débiles y cambiantes, la perpetua buena voluntad y preocupación de Dios. Lo que Dios es hoy, lo será mañana. ¡Y todo lo que Dios hace siempre estará de acuerdo con todo lo que él es!

Nuestro Señor nunca tendrá que enviarnos un mensaje con excusas o diciendo cosas como: «No me siento bien hoy; por lo tanto, no trataré contigo de la misma manera que lo hice ayer».

Es posible que hoy uno no se sienta bien físicamente. ¿Hemos aprendido a ser agradecidos, de todos modos, y a regocijarnos en las promesas de Dios? Las bendiciones eternas de Dios no dependen de cómo uno se sienta en determinado día. Si mi esperanza eterna se basara en cómo me sienta físicamente, ¡podría comenzar a empacar para mudarme a otra región! Incluso si no me siento ciudadano celestial, mis sentimientos de ninguna manera modifican mi esperanza y mi perspectiva celestial.

No me atrevo a relacionar ni una fracción de mi fe y mi esperanza con mis emociones del momento ni con cómo me siento hoy. Mi esperanza eterna depende del bienestar de Dios, de si Dios mismo quiere cumplir sus promesas. Y de eso no hay duda alguna.

Dios no juega con nuestras emociones

Ahora que he sacado a relucir el tema de las emociones humanas, debo agregar un pensamiento adicional. No sé qué tan familiarizado esté usted con los caminos de Dios y los tiernos movimientos de su Espíritu. Pero le diré esto con absoluta franqueza: Dios no juega con nuestras emociones ni nos manipula con el fin de que tomemos cierta decisión espiritual.

La Palabra de Dios —que es la verdad divina— y el Espíritu de Dios se unen para despertar nuestras emociones. Debido a que él es Dios y es digno de nuestra alabanza, encontraremos la capacidad de alabarlo y glorificarlo. Algunas técnicas sutiles empleadas por ciertos religiosos y mal llamados evangelistas son dirigidas —casi por completo— a las emociones de los que escuchan el llamado. Apuntan a las emociones con el fin de exacerbar las pasiones de los individuos para lograr los fines que persiguen. Permítame decirle que todo eso no es más que mera psicología, manipulación pura; cosas que no tienen nada que ver con convicciones dirigidas por el Espíritu. No tienen relación alguna con los caminos sacros y tiernos del Dios de toda misericordia y toda gracia.

Tengo que estar en desacuerdo con la apelación religiosa que supone que, si alguien en la audiencia puede ser movido a derramar una lágrima, tal persona se ha convertido al evangelio o se ha hecho santo. O que si alguien, emocionado al extremo, puede hacer cosas que los demás perciban como intervenciones angelicales, es porque es una persona especialmente dotada por Dios para sus propósitos.

Les advierto que no existe conexión alguna entre la manipulación humana de nuestras emociones —por un lado— y, por el otro, la confirmación de la verdad revelada de Dios en nuestro ser a través del ministerio de su Espíritu Santo. Cuando en nuestra experiencia cristiana nuestras emociones se intensifican, eso debe ser resultado de lo que la verdad de Dios está haciendo por nosotros. Si eso no es así, no es en absoluto una conmoción propiamente espiritual.

Jesús tiene la autoridad suprema

A lo largo de esta carta, el escritor no nos deja ninguna duda sobre la autoridad suprema conferida a Jesucristo, el Hijo eterno. Al principio, afirma la tesis de la carta: Debido a que el mensaje acerca de Jesucristo es verdadero, debemos consagrarnos a ello total y absolutamente.

Las Sagradas Escrituras son así. La Biblia es franca, lógica, sincera. Ciertas cosas son verdad, dice la Biblia, y aquí están. Y debido a que esas cosas son ciertas, estas son sus obligaciones. Esa es la forma en que Dios ha considerado conveniente trabajar en su comunicación con los hombres y mujeres de este planeta.

En el pasado, ha habido quienes han mirado lo que la Biblia tiene que decir y han razonado diciendo: «Sin discusión. Cristo tiene la autoridad suprema de Dios. Eso no nos deja lugar para preocuparnos, ni motivos para molestarnos. ¡Todo está en manos de Dios!».

Sin embargo, la Palabra de Dios declara que no es tan simple. Dios nos ha dotado a todos con libre albedrío. Nos ha hecho capaces de elegir o rechazar. El hecho de que ignoremos la autoridad que Dios le ha dado a su Hijo es, en verdad, una grave ofensa.

Debido a su amor por nosotros, Dios ya ha tomado la iniciativa. No nos ha dejado espacio para excusas humanas. Si Dios no puede hacer que nos interesemos en las cosas de él y en nuestras deficiencias, no puede hacer nada por nosotros. Si su gracia y su misericordia no pueden ayudarnos, no puede salvarnos.

Esto nos lleva de vuelta a nuestro punto de partida. Nuestra esperanza cristiana y las promesas de Dios descansan sobre el carácter mismo del Dios trino. Somos creyentes del Nuevo

Testamento. Somos salvos mediante los términos de un nuevo pacto. Ese nuevo pacto se basa en el amor y la gracia de aquel que nos creó y luego dio su vida por nuestra redención. Dios, por su propia voluntad, ha hecho una promesa y nos ha dado un pacto. El cristiano es cristiano y sigue siendo cristiano debido al vínculo entre las personas de la Deidad y el propio individuo.

El Salmo 89 establece el tema

Observe este tema en el Salmo 89. En ese salmo, el Espíritu Santo expone un mensaje claro. Mensaje que va mucho más allá de una simple referencia al rey David. Más bien, está describiendo a un Hijo mayor de David, a Jesús, el Hijo eterno y Señor de todos.

La referencia es al tipo de pacto que el Dios fiel ha hecho con el pueblo que escogió. Las declaraciones hechas por Dios a la descendencia de David y al pueblo de David son casi incondicionales. Dios no hace promesas incondicionales a nuestra raza, pero estas que aparecen en el Salmo 89 parecen serlo.

El Espíritu Santo no está hablando del David terrenal, ese David que algún día moriría. Al contrario, se refiere a un Hijo, de quien dice:

> Él me dirá: «Tú eres mi Padre, mi Dios, la roca de mi salvación». Yo le daré los derechos de primogenitura, la primacía sobre los reyes de la tierra. Mi amor por él será siempre constante, y mi pacto con él se mantendrá fiel. (89:26-28).

Este Hijo no podía ser otro que Jesús. Y el pacto infalible que Dios hace con él es nuestro. Nunca fallará porque es Dios el que lo ha prometido y, con Dios, se puede contar. Espero que esto que he expuesto aquí sea claro. Una promesa, cualquier promesa, no es nada en sí misma; palabras nada más. El valor de la promesa depende del carácter de la persona que la hace. Conocemos demasiado bien la historia de la humanidad. El hombre natural hace promesas y convenios, pero a menudo él mismo viola esas promesas y rompe esos convenios. No los guarda ni los cumple.

Por qué fallan los pactos

Hay una serie de razones por las que no se cumplen los pactos humanos. A veces, la persona que hace el pacto no tiene la intención de cumplirlo. El pacto fracasa por la falsedad del que prometió. En otros casos, los pactos fallan por ignorancia. Una persona hace una promesa basado en sus perspectivas. Pero las cosas van mal, física, financiera e intelectualmente debido a que no puede cumplir con la obligación o no sabe cómo hacerlo.

En otros casos, los pactos fracasan porque los seres humanos son, por naturaleza, cambiantes. Uno promete, pero luego cambia de opinión. Se niega a cumplir con los términos del pacto que hizo. No siente la obligación de cumplir lo que acordó con la otra parte. Así es. Los convenios a veces fallan porque alguno de los que hicieron las promesas muere en forma inesperada. La mortalidad humana hace que los convenios se invaliden.

Los hombres y las mujeres son muy conscientes de sus fracasos y sus fragilidades. Conocen sus debilidades, su doblez, su tendencia a ser menos que honestos. Así que añaden un juramento a su pacto, recurren a una instancia más grande que ellos y dicen: «¡Dios, ayúdame!».

Siempre he considerado un poco gracioso el hecho de que los pecadores —que no pueden confiar entre sí— clamen a Dios o a la Santa Biblia a fin de lograr algo que les es conveniente. Juran y perjuran que no van a mentir, aunque son pecadores confesos. Sospecho que hay un estallido de risa en el infierno cada vez que una persona, en uno de nuestros tribunales, promete —ante Dios— que «dirá la verdad, toda la verdad y nada más que la verdad».

Con todo eso a modo de trasfondo, permítame contarle mi teoría. Creo que Dios hizo un acomodo y siguió nuestra forma de hacer las cosas. En el tiempo de Abraham, cuando Dios le prometió salvar a su pueblo, el Señor hizo un juramento para confirmar ese pacto. Pero como Dios no podía invocar a nadie más grande, ¡juró por sí mismo! Nuestro fiel Dios, cuyos pactos nunca fallan, juró que los que siguiéramos las pisadas de su Hijo seríamos los herederos de la promesa.

Así que ¿no confiaremos en él?

Entonces, ¿vamos a confiar en Dios? ¿Vamos a encomendarle todo nuestro futuro? ¿Qué más seguridad necesitamos que el carácter de Dios mismo? Es la propia Persona eterna de Dios y su carácter fiel lo que nos dice que nuestra salvación está asegurada a través de la sangre de Jesucristo, nuestro Salvador. Debido a que Dios es la persona que es, podemos confiar en él y tener la seguridad de que su pacto no fallará ni nunca cambiará.

¡Qué gratificante es poder hacer un anuncio como este! Nuestro perdón, nuestra esperanza de salvación, nuestra confianza en la vida venidera descansa en el amor y la fidelidad inmutables de Dios.

Debo confesar en nombre de todos nosotros que los humanos no somos tan sabios como Dios. Por ejemplo, hay hombres y mujeres que siempre desean encontrar a alguien capaz de predecir el futuro para ellos. Nadie puede hacer eso con precisión. Además, muy a menudo no cumplimos nuestras promesas.

Sin embargo, con Dios no hay tal fracaso. Él sabe todo lo que se puede saber. Él es perfecto en sabiduría. Dios nunca tiene que excusarse con un «Bien, mis intenciones eran buenas, pero fallé». Su capacidad para cumplir sus promesas está directamente vinculada a su omnipotencia. Si Dios no fuera omnipotente, no podría cumplir sus promesas. No podría darnos la seguridad de la salvación a ninguno de nosotros.

Este atributo de Dios que llamamos omnipotencia no significa realmente que Dios pueda hacer cualquier cosa. Significa que él es el único Ser que puede hacer cualquier cosa que desee. Entendemos hasta cierto punto que Dios es perfecto en amor y sabiduría, en santidad y fortaleza. Aun así, es imposible para nosotros comprender lo que el Señor Dios quiere decir cuando expresa lo siguiente: «Yo soy el Dios santo». Sin embargo, podemos llegar a comprender que Dios es «santo», y que ha hecho de la santidad la condición moral necesaria para la salud de todo su universo.

Debido a que la santidad es esencial a Dios, él no puede mentir. Debido a que es Dios, no puede violar la sacra naturaleza de su ser. Dios no quiere mentir. No quiere engañar. No quiere traicionar. Él no quiere ser falso con su propio pueblo querido. Tampoco puede, porque negaría su esencia.

O, para decirlo desde una perspectiva positiva, de acuerdo a la perfección misma de su carácter, Dios tiene que ser fiel a sus hijos. Debido a que es perfecto y santo, sus hijos —los que creen en él— están a salvo. Consciente entonces, y confiado en que el Señor Dios omnipotente reina, y sabiendo que es capaz de hacer todo lo que quiera hacer, no tengo más dudas. Estoy seguro en los brazos del Dios todopoderoso. Puedo confiar en sus promesas y descansar en ellas.

No hay mejor manera de concluir una discusión como esta que con la definición de este Dios omnipotente que brinda el autor de la Carta a los Hebreos:

> Por eso Dios, queriendo demostrar claramente a los herederos de la promesa que su propósito es inmutable, la confirmó con un juramento. Lo hizo así para que, mediante la promesa y el juramento, que son dos realidades inmutables en las cuales es imposible que Dios mienta, tengamos un estímulo poderoso los que, buscando refugio, nos aferramos a la esperanza que está delante de nosotros. Tenemos como firme y segura ancla del alma una esperanza que penetra hasta detrás de la cortina del santuario, hasta donde Jesús, el precursor, entró por nosotros, llegando a ser sumo sacerdote para siempre, según el orden de Melquisedec.
>
> —Hebreos 6:17-20

Navegamos en medio de las tormentas de la vida. Los santos creyentes de Dios están a bordo de la nave. Alguien mira hacia el horizonte y advierte: «¡Estamos directamente en el camino del tifón! Estamos casi muertos. ¡Seguramente nos estrellaremos contra las rocas!».

Sin embargo, otra persona, un poco más calmada, aconseja: «¡Mira hacia abajo, ve hacia abajo! ¡Tenemos un ancla!». Vemos al fondo, pero la profundidad es demasiado grande. No podemos ver el ancla. No obstante, el ancla está ahí. Está aferrada a una roca del fondo marino, por lo que se mantiene firme. De modo que, aun cuando los vientos siguen golpeando la nave, esta vence a la tormenta.

El Espíritu Santo nos ha asegurado que tenemos un Ancla, un Ancla firme y segura, que resguarda el alma, que libra al perdido. Jesús, Salvador, Redentor y nuestro gran Sumo Sacerdote es esa Ancla. Él es el que va delante de nosotros. El que llega al muelle tranquilo. El que entra al puerto silencioso, ese santuario que está detrás del velo. Santuario en el que mora Jesús, nuestro Hombre en gloria.

Allí, donde está nuestro Hombre en gloria —en este momento—, estaremos nosotros para siempre. El Espíritu nos dice en el presente: «Sigan creyendo. Busquen la santidad. Insistan con diligencia, marchen con fe y plena seguridad —hasta el final— de que la promesa se hará realidad. Sigan a aquellos que por la fe y la paciencia heredan lo prometido.

«¡Dios es fiel! ¡Siempre cumple sus promesas!».

CAPÍTULO 9

JESÚS, TAL CUAL MELQUISEDEC

Nunca estuvo en la mente de Dios que un sacerdocio privilegiado de hombres pecadores e imperfectos intentaría, después de la muerte y resurrección triunfante de nuestro Señor Jesucristo, reparar el velo y continuar su oficio de mediación entre Dios y el hombre. La Carta a los Hebreos deja ese hecho muy claro. Cuando Jesús se levantó de entre los muertos, el sacerdocio levítico, que había servido a Israel bajo el antiguo pacto, se hizo ineficaz.

El mejor plan de Dios para un Sumo Sacerdote eterno y un Mediador sin pecado también se define con suma claridad en la Carta a los Hebreos. Jesús glorificado a la diestra de la Majestad, en los cielos, es ahora nuestro Sumo Sacerdote para siempre. Su sacerdocio no es de acuerdo al orden de Aarón y Leví, sino según el sacerdocio permanente de Melquisedec.

Esos puntos se destacan en el mensaje de Hebreos sobre el mejor pacto, el mejor sacerdocio y la mejor esperanza que descansa sobre la obra completa de Jesucristo por la humanidad perdida. Así que leemos:

Hasta donde Jesús, el precursor, entró por nosotros, llegando a ser sumo sacerdote para siempre, según el orden de Melquisedec ... Porque cuando cambia el sacerdocio, también tiene que cambiarse la ley ... Por una parte, la ley anterior queda anulada por ser inútil e ineficaz, ya que no perfeccionó nada. Y, por la otra, se introduce una esperanza mejor, mediante la cual nos acercamos a Dios ... Efectivamente, si ese primer pacto hubiera sido perfecto, no habría lugar para un segundo pacto.

—HEBREOS 6:20; 7:12, 18-19; 8:7

El misterioso Melquisedec

Mucho antes de la época de Moisés, Aarón y los hijos de Leví, el registro de Génesis señala la aparición de una personalidad misteriosa pero convincente, se trata de Melquisedec. Melquisedec era rey de Salem y sacerdote del Dios Altísimo. Cuando Abraham regresó de rescatar a Lot, su sobrino, fue recibido y bendecido por Melquisedec. Por lo que Abraham le dio a Melquisedec el diezmo de todos los bienes que había recuperado (Génesis 14:17-20).

La aparición de Melquisedec en Génesis es breve y sin explicación en la historia del Antiguo Testamento. El escritor ofrece más información a los Hebreos. Cuando señala que Melquisedec «no tiene padre ni madre ni genealogía; no tiene comienzo ni fin» (Hebreos 7:3), el escritor simplemente estaba diciendo que Melquisedec no tenía «antecedentes genealógicos», a través de los cuales se pueda rastrear sus orígenes. En resumen, no sabemos de dónde vino.

Melquisedec no se menciona de nuevo hasta el Salmo 110. Allí se le conoce como un tipo de sacerdote eterno de Dios que aparecería en el desarrollo nacional de Israel.

Los judíos eran muy meticulosos con la genealogía. Cada hijo o hija de Israel podía rastrear su ascendencia hasta Abraham. Es demasiado evidente que las generaciones posteriores en Israel no supieron cómo lidiar con las referencias a Melquisedec, un sacerdote cuyo linaje no pudieron rastrear.

La razón por la que todos los judíos guardaban tan celosamente su linaje, preservándolos en tablas permanentes, estaba relacionada con la esperanza acerca de la venida del Mesías. Conocían las profecías. Cuando el Mesías finalmente apareciera, tendría que demostrar su linaje desde Abraham hasta el rey David y hasta sus propios padres.

En su Evangelio del Nuevo Testamento, Mateo se ajustó a la costumbre judía, esforzándose por proporcionar a sus lectores un registro completo de la genealogía de Jesucristo. De modo que comienza con Abraham, Isaac y Jacob, continúa con el linaje a través de David y Salomón hasta Jacob (el padre de José), concluyendo con «José, esposo de María, de quien nació Jesús, llamado el Cristo» (Mateo 1:16).

La última esperanza de Israel

En vista de la importancia que se les da a los registros de ascendencia judía, es significativo observar que todos ellos, que eran cuidadosamente conservados, se perdieron en la destrucción romana de Jerusalén en el año 70 de la era cristiana. Así lo creen los historiadores. Jesús había venido como Redentor y Mesías. Israel lo rechazó, crucificándolo en la cruz. Pero no podía haber otro. Ningún otro podría haber proporcionado la prueba necesaria de su descendencia de Abraham y David. Jesús, el Hijo de Dios resucitado y ascendido, fue y es la última esperanza de Israel.

Al considerar las cosas que se enseñan en esta sección de Hebreos, debemos estar preparados para meditar un poco. Vivimos en una generación que quiere todo condensado, digerido y al instante. Pero aquí debemos pararnos a pensar un poco. Y al final, la comprensión que logremos valdrá la pena el esfuerzo.

En esta parte de su carta, el escritor se propone dejar muy claras tres cosas a los cristianos hebreos que estaban atribulados en aquella época. Primero, declara que la ley mosaica y el sacerdocio levítico no fueron establecidos por Dios como instituciones permanentes y perfectas. En segundo lugar, deja en claro que el Hijo eterno y sin pecado vino con el fin de asegurar a los creyentes acerca de su sacerdocio superior y perpetuo, hecho confirmado por su glorificación a la diestra de Dios. En tercer lugar, quiere que sus lectores sepan que el plan de salvación para hombres y mujeres pecadores no se basa en las ofrendas terrenales hechas por los sacerdotes levitas, sino en el sacrificio eterno y la mediación del Sumo Sacerdote Jesús, el Hijo eterno, que también se convirtió espontáneamente en el Cordero de Dios sacrificado.

Las comparaciones hechas en esta carta indican que las disposiciones de la ley mosaica del Antiguo Testamento y el sistema del sacerdocio levítico eran interdependientes. Por tanto, cuando se eliminó el sacerdocio, la ley mosaica también cesó. El resumen del escritor es claro: «Por una parte, la ley anterior queda anulada por ser inútil e ineficaz, ya que no perfeccionó nada. Y, por la otra, se introduce una esperanza mejor, mediante la cual nos acercamos a Dios» (Hebreos 7:18-19).

Somos libres en Cristo Jesús

¿Qué significa todo esto para nosotros en nuestra vida cristiana, en lo pertinente a nuestra fe cristiana? Por dicha, significa que no estamos bajo la sombra de esas leyes dadas a través de Moisés. No estamos bajo la sombra de las imperfecciones del sacerdocio ni de la mediación judía del Antiguo Testamento. Al contrario, estamos a la luz y la autoridad de Jesucristo, lo cual es superior a todos los sacerdotes y sacerdocios del Antiguo Testamento. Él ha cumplido la ley, la ha desechado, por así decirlo, mediante la institución del nuevo pacto basado en un sacrificio superior.

Esta nueva alianza, sellada con la sangre de Jesús, nuestro Salvador y Mediador, nos brinda una gran libertad espiritual. Debemos regocijarnos todos los días. Nadie puede imponernos la carga de la antigua ley, una ley que Israel no pudo cumplir.

En su carta a la iglesia en Galacia, Pablo abordó este mismo problema. Ahí declara el principio de la gracia y la justicia de Dios a través de la fe con un efecto revelador. Además, condena a los que siguieron a los cristianos de Galacia, tratando de convertirlos en judíos. «Cristo nos libertó para que vivamos en libertad. Por lo tanto, manténganse firmes y no se sometan nuevamente al yugo de esclavitud ... Aquellos de entre ustedes que tratan de ser justificados por la ley han roto con Cristo; han caído de la gracia» (Gálatas 5:1, 4).

Nosotros, que somos creyentes cristianos, debemos agradecer a Dios constantemente por nuestras garantías neotestamentarias acerca de la vida espiritual y la libertad en Cristo. Nuestro sacrificio no es a través de un animal ofrecido por un sacerdote tan imperfecto como nosotros. Nuestro sacrificio es el mismo Cordero de Dios, que pudo y estuvo dispuesto a ofrecerse a sí mismo para quitar los pecados del mundo.

Nuestro altar no es el altar de la antigua Jerusalén. Nuestro altar es el Calvario, donde Jesús se ofreció sin mancha a Dios a través del Espíritu eterno. Nuestro Lugar Santísimo no es esa sección de un templo hecho con las manos, escondido detrás de un velo protector. Nuestro Lugar Santísimo está en el cielo, donde el exaltado Jesús se sienta a la diestra de la Majestad en las alturas. Allí donde mora nuestro Hombre en gloria.

Tenga en cuenta las comparaciones

Note la comparación entre los dos sacerdocios. En el Antiguo Testamento, todos los sacerdotes que alguna vez sirvieron sabían que algún día se retirarían y, al cabo del tiempo, morirían. Cada uno de esos sacerdotes oficiaban de manera temporal. Pero en nuestro Señor Jesucristo tenemos un Sumo Sacerdote eterno. Uno que ha explorado y conquistado la muerte. Uno que no volverá a morir. Uno que continuará como sacerdote para siempre, ¡y nunca cambiará! Por esa misma razón, nos asegura el escritor, Jesús puede «salvar por completo a los que por medio de él se acercan a Dios, ya que vive siempre para interceder por ellos» (Hebreos 7:25).

Antes de pasar del tema de la aprobación de la mediación sacerdotal del Antiguo Testamento, quiero mencionar el extraño y anómalo acontecimiento que tuvo lugar en el interior del templo de Jerusalén cuando Jesús entregó su vida en la cruz. Cuando él «entregó el espíritu» (Juan 19:30) fuera de Jerusalén, el mismo dedo del Dios todopoderoso intervino en el Lugar Santísimo del templo, partiendo, rasgando y cortando el pesado velo que colgaba (Mateo 27:51).

Ese velo antiguo no era solo una cortina. Era un cortinaje especial, un velo tan grueso y pesado que se necesitaban varios hombres para apartarlo. Cuando Jesús murió, el dedo de Dios rasgó el velo que había albergado la presencia terrenal del Dios invisible. Por lo tanto, Dios estaba indicando el comienzo de un nuevo pacto y una nueva relación entre la humanidad y él mismo. Estaba mostrando el paso del antiguo orden y la transferencia de autoridad, eficacia y mediación al nuevo orden.

El sacerdocio, los sacerdotes, los pactos antiguos, los altares, los sacrificios, todo lo que había estado involucrado en el sistema legal del Antiguo Testamento, fue eliminado. Dios lo había descartado como algo inútil, ineficaz, sin autoridad. En su lugar instituyó un nuevo sacrificio, el del Cordero de Dios, el Hijo eterno, Jesucristo. Dios instituyó también un altar nuevo y eficaz, uno eterno en los cielos, donde Jesús vive para interceder por los hijos de Dios.

Una reparación inútil

Cuando el velo del templo se rasgó de arriba a abajo, la tradición dice que los sacerdotes levitas determinaron que debían reparar esa rotura sagrada a pesar de lo que les costara. Y lo hicieron. Lo cosieron lo mejor que pudieron. Sin entender que Dios había decretado un nuevo orden, adoptaron la perspectiva terrenal al tratar de continuar con el antiguo sistema de sacrificios.

Espero no ser acusado de antisemitismo cuando cito ciertas verdades bíblicas que indican que aun así los judíos no saben realmente por qué adoran. Los evangélicos no sentimos simpatía por los que odian a los judíos. En nuestro entendimiento de las Escrituras y el gran plan de Dios, reconocemos el valor de nuestros amigos judíos. Nos preocupa su bienestar en un mundo hostil.

Además, creemos firmemente en la futura gloria de Israel. Creemos que cuando regrese el Mesías de Dios, Israel ministrará nuevamente con fe y adorará en su propia tierra. Creemos en un día que vendrá cuando un Israel renacido resplandecerá. La Palabra de la justicia de Dios saldrá de Sion y la Palabra de Dios de Jerusalén.

Sin embargo, por el momento, la vida palpitante de la fe judía se ha ido. No hay altar. No hay gloria ni presencia de Shekinah. No hay sacrificio eficaz por el pecado. No hay un sacerdote mediador ni un Lugar Santísimo al que pueda entrar en nombre de su pueblo. Todo se ha ido, eliminado por inútil, ineficaz y sin autoridad.

En vez de eso, vuelvo a insistir, Dios ha instituido y aceptado un nuevo sacrificio: el del Cordero de Dios, el Hijo eterno. Ha confirmado un altar nuevo y eficaz, uno que es eterno en los cielos, donde Jesús vive para interceder por los hijos de Dios. Él ha ordenado y aceptado un nuevo Sumo Sacerdote, Jesús, el Hijo eterno, sentándolo a su diestra. Nuestro Hombre en gloria.

Jesús vive eternamente

Todo lo que he dicho puede parecer complejo y confuso. Esto es todo lo que debemos entender: ¡Jesús nuestro Señor, el Cristo de Dios y nuestro Salvador, vive para siempre! Dado que Dios es atemporal y sin edad, también lo es Jesucristo.

¡Y Jesús vive para interceder por nosotros! Su eterno interés es ser nuestra garantía. Lo cantamos con fe y alegría: «Delante del trono está mi fianza; mi nombre está escrito en sus manos». Y continuamos con el resto de esas conmovedoras palabras surgidas de la visión y la pasión de Charles Wesley:

El Padre oye orar a
su amado ungido.
No puede alejar
la presencia de su Hijo.
Su Espíritu responde a la sangre
y me dice que soy nacido de Dios.

Es la infalible intercesión de Cristo la que nos permite decirnos unos a otros que creemos en la seguridad de los santos de Dios. Creemos que hay un lugar de seguridad, no porque haya algún tecnicismo que Juan Calvino pudiera haber adelantado, sino por la intercesión del Sumo Sacerdote, el Eterno, que no puede morir. Día y noche presenta nuestros nombres ante el Padre celestial. No importa cuán débiles seamos, somos guardados porque Jesucristo es nuestro Sumo Sacerdote eterno en los cielos.

Cuán diferente es nuestra visión de Jesucristo de la de aquellos que le dieron muerte, diciendo: «¡Ese es su fin!». Nuestra visión es la de un Sumo Sacerdote resucitado, victorioso, todopoderoso y omnisciente. Uno que en silencio, triunfalmente, aboga por la inestimable valía de su propia vida, de su sangre, para la preservación y victoria de los hijos de Dios.

Solo considere, si lo desea, las agraciadas implicaciones de la garantía de Dios. Él declara en su Palabra que Jesús, nuestro Salvador y Mediador, «también puede salvar por completo a los que por medio de él se acercan a Dios, ya que vive siempre para interceder por ellos» (Hebreos 7:25). Sin embargo, hay quienes proclaman una salvación con énfasis en las cosas de las que ha de librarse el pecador más que en la salvación misma.

¡El verdadero énfasis de nuestra predicación!

Nuestro Señor ha extendido una invitación que no excluye a nadie. Invitación que incluye a toda la humanidad. No creo que a Dios le preocupe en absoluto de dónde venimos. Lo que a él le preocupa es a dónde vamos. La decisión que hemos tomado de ir a donde vamos, estar con Dios para siempre, es lo que le agrada y hace que los ángeles se regocijen. Algunos obreros cristianos han hecho toda una carrera insistiendo en los aspectos negativos de la vida humana y pecaminosa. Se la pasan hablando de «lo borracho que eran», de las «adicciones que sufrían», de las «personas que asesinaron», de los «crímenes que cometían cuando no eran creyentes», de la violencia familiar que practicaban y de toda esa vida llena de delitos y vicios de toda clase. Parece que se gozan más predicando acerca de la obra del diablo en sus vidas que de la transformación que Dios operó en ellos a través de Jesucristo. Pero el verdadero objetivo de nuestra predicación debe estar orientado siempre a dar la gloria a Dios por la vida nueva que nos ha dado.

Es por gracia que Dios —en su misericordia y su amor— nos limpia y perdona de todo pecado; es por gracia que somos regenerados y convertidos. ¡De hecho, es por gracia que el Señor nos da un nuevo nacimiento! Dios nos salva de lo que fuimos, sea lo que sea. Pero espera que pasemos el resto de nuestras vidas alabándolo, contando las maravillas de Cristo y su salvación. Quiere que difundamos las buenas nuevas del gran futuro eterno que ha planeado para nosotros. Anhela que hablemos a los demás acerca de la morada eterna que está preparando para todos los que le aman y le obedecen.

Un testimonio personal

Pienso que es apropiado que concluya este capítulo con unas palabras de testimonio. Confío en que serán de ayuda para usted. Llegué a los pies de Cristo y me convertí cuando tenía diecisiete años. Mi testimonio era tan aburrido como muchos otros. Nunca había estado en una cárcel. No usé tabaco de ninguna forma. No sabía nada sobre el uso de drogas. Nunca me había gustado ningún tipo de bebida fuerte. Nunca fui mujeriego. No abandoné a mi esposa nunca, ¡fue la única mujer que amé en mi vida!

Si me hubiera visto antes, es posible que no lo creyera; pero yo era un joven sano, con las mejillas rojas; algunos hasta me consideraban guapo; pero, en general, era una persona «buena» —según los términos mundanos— cuando el Señor me encontró. Teníamos vecinos que decían: «¡Aiden es un buen chico!». Si hubiera tenido que levantarme y decirle a la gente de qué me salvé, a los ojos del mundo, mi testimonio no habría valido mucho.

Sin embargo, yo era un pecador más a los ojos de Dios, un pecador infiel ante un Dios fiel. Lo que me salvó es mucho más importante que aquello de lo que fui salvado. He tenido toda una vida contando, predicando y volviendo a hablar de la bondad, la paciencia, la misericordia y la gracia de Dios conmigo. Él me salvó por completo, totalmente. Me dio la paz que sobrepasa todo entendimiento. Me garantizó una eternidad con nuestro Señor Jesucristo y con la familia redimida de Dios.

Si acaso tiene dudas o incertidumbre, lo único que puedo decirle es que no cometa el error de intentar comparar el tiempo que pasó en la tierra con la eternidad que le espera con Jesucristo, nuestro Hombre en gloria. No importa quién sea usted, todo su pasado se puede medir en unidades de tiempo; pero su futuro es la eternidad, una eternidad sin parámetros ni límites.

Debo decirle que usted está parado sobre Cristo, la roca firme de los siglos. Todo lo demás es arena movediza.

CAPÍTULO 10

JESÚS, EL ROSTRO DE UN SOLO DIOS

Una persona no puede ser cristiana y negar que el Dios viviente se ha revelado a nuestra raza pecadora como el Padre soberano, el Hijo eterno y el Espíritu fiel. Sin embargo, algunos cristianos profesantes están tan intrigados por sus propias expresiones en cuanto a «seguir a Jesús» que parecen no darse cuenta de que sus vidas dependen diariamente del ministerio prometido del Padre, el Hijo y el Espíritu Santo.

Para tales creyentes, y en realidad para todos nosotros en la fe cristiana, el escritor de la Carta a los Hebreos ha establecido una verdad convincente y reveladora: «Si esto es así, ¡cuánto más la sangre de Cristo, quien por medio del Espíritu eterno se ofreció sin mancha a Dios, purificará nuestra conciencia de las obras que conducen a la muerte, a fin de que sirvamos al Dios viviente!» (Hebreos 9:14).

La salvación involucra a toda la Trinidad

¿Cómo enseñamos esto de manera efectiva a nuestros «niños en Cristo» que son propensos a decir: «Me gusta lo que sé acerca de Jesús»? Seguramente no es necesario que vaya más allá». Nuestra mejor respuesta, por supuesto, es una simple declaración de doctrina cristiana: La Biblia deja en claro que la redención de nuestra raza perdida fue efectuada a nuestro favor por la Trinidad eterna: Dios el Padre, Dios el Hijo y Dios el Santo Espíritu.

No podemos sobrestimar el significado total de esa declaración en términos de nuestra redención y la obra expiatoria de Dios.

Del mismo modo, no hay base para que un creyente reflexivo y agradecido niegue que su salvación fue obra de la misma Trinidad eterna: Padre, Hijo y Espíritu Santo. Este es todo el énfasis de Hebreos 9:14. Y es lo que quiero enfatizar también.

Ninguno de nosotros podrá agradar plenamente a Dios si no estamos dispuestos a que se nos enseñe bien su Palabra. Quiero estar seguro de que sabemos lo que significa ser bien enseñado en la Palabra. No se refiere a ser bien enseñado en religión. Más bien, es ser bien enseñado en los conceptos básicos necesarios para la fe cristiana.

Uno de estos conceptos básicos es la insistencia en que el logro supremo de la revelación del Nuevo Testamento es la implantación en el creyente de una fuerza que lo impulsa a actuar con rectitud. Dios ha prometido esto como confirmación de que él puede purgar la conciencia humana de las obras religiosas muertas, liberando al creyente para que sirva al Dios vivo con gozo y triunfo, independientemente de las circunstancias de su vida.

El escritor no estaba sugiriendo que estos primeros cristianos hebreos, en un momento de crisis, se apoyaran en formas religiosas o dependieran de prácticas religiosas. Hizo hincapié en su necesidad de comprender lo que Dios había hecho por ellos mediante un nuevo pacto centrado en Jesucristo, Salvador y Mesías.

¿Cuál es más importante?

Recuerdo que a un antiguo santo se le preguntó: «¿Qué es más importante: leer la Palabra de Dios u orar?», a lo que respondió: «¿Qué es más importante para un pájaro: el ala derecha o la izquierda?». El escritor de Hebreos le estaba diciendo a sus lectores, y nos dice a nosotros, que los cristianos deben creer todo lo que hay que creer. Deben hacer todo lo que la Palabra les ordena hacer. ¡Esas dos alas llevan al cristiano hacia Dios!

Percibo cierto espíritu de independencia, si no de rebelión, en el creyente que dice: «No voy a molestarme con las doctrinas y las enseñanzas. ¡Voy a recostarme y disfrutar de Jesús!». Ese, por supuesto, es el camino de menor resistencia. Aunque no deseo amonestar a nadie en este momento, es en eso en lo que muchos cristianos necesitan el aliento apropiado y el ejemplo piadoso.

Dios nos ha dado, a propósito, una capacidad mental con amplios límites humanos. Más allá de eso, dado que somos creyentes justificados y regenerados, él nos ha dado una capacidad espiritual completamente nueva. Dios quiere que creamos, pensemos, meditemos y consideremos su Palabra. Él ha prometido que el Espíritu Santo está esperando para enseñarnos. Él nos ha asegurado todas nuestras bendiciones en Jesucristo.

Hebreos 9:14 nos informa que Cristo, que es Dios el Hijo, por medio del Espíritu divino, se ofreció a sí mismo a Dios, el Padre celestial. De modo que, en el acto de redención, tenemos la participación de la Trinidad, la Deidad.

Tenga en cuenta que las personas de la Deidad no pueden cumplir con sus ministerios por separado. Podemos pensar en ellos por separado, pero nunca se pueden separar. Los primeros padres de la Iglesia reconocieron esta integridad de la persona de Dios. Decían que no debemos dividir la sustancia de la Trinidad, aunque reconozcamos a las tres personas.

Sin contradicciones

Los críticos no han perdido tiempo para declarar que la Biblia se contradice en asuntos relacionados con la Trinidad. Por ejemplo, Génesis habla de que Dios creó los cielos y la tierra. El Nuevo Testamento declara que la Palabra, Dios el Hijo, creó todas las cosas. Aun otras referencias hablan de la obra del Espíritu Santo en la creación.

Estas no son contradicciones. Padre, Hijo y Espíritu trabajaron juntos en los milagros de la creación, así como trabajaron juntos en la planificación y realización de la redención humana. El Padre, el Hijo y el Espíritu Santo son consustanciales, volviendo a la declaración de los primeros padres de la Iglesia. Son uno en sustancia y no pueden separarse.

Cuando Jesús iba a iniciar su ministerio terrenal, fue a donde estaba Juan en el río Jordán para ser bautizado. El registro habla de la participación de la Trinidad. Mientras Jesús estaba en la orilla del río después de su bautismo, el Espíritu Santo descendió en forma de paloma sobre él y la voz de Dios Padre se escuchó desde el cielo diciendo: «Este es mi Hijo amado».

Referencias similares nos recuerdan la participación de la Trinidad en la gloria de la resurrección de Cristo. Durante su ministerio, Jesús habló de su próxima muerte. «Destruyan este templo [dijo Jesús, refiriéndose a su cuerpo] y lo levantaré de nuevo en tres días» (Juan 2:19). Jesús también declaró que el Padre lo resucitaría al tercer día. Estamos acostumbrados a decir que el Padre resucitó a Jesús de entre los muertos. Pero en Romanos 1 leemos que el Espíritu de Dios declaró que Jesús era el Hijo de Dios con poder «por la resurrección de entre los muertos». A lo largo del registro bíblico, tenemos los casos recurrentes de las personas de la Deidad —la Trinidad—, trabajando juntas en perfecta armonía. Me regocijo en las garantías bíblicas de los ministerios de la santa Trinidad. Pero sé que hay muchos que confiesan tener problemas con el concepto y la enseñanza al respecto. Si vamos a captar y a apreciar esta verdad, debemos ser diligentes por nuestra parte. Es posible que tengamos que «arrancar las malas hierbas» para que la verdad tenga suelo en el cual madurar.

Es muy probable que todos nos hayamos preguntado en algún momento por qué nuestros huertos no producen tomates rojos, maíz amarillo y judías verdes sin un gran cuidado y cultivo de nuestra parte. Dejados a su cuenta, nuestros jardines producirán sus propias cosechas de malezas, cardos y zarzas. Esto lo harán sin la ayuda de nadie.

¿Por qué? Porque el mundo ha estado patas arriba desde la caída de Adán. Dios tuvo que decirle a Adán:

> Por cuanto le hiciste caso a tu mujer, y comiste del árbol del que te prohibí comer, ¡maldita será la tierra por tu culpa! Con penosos trabajos comerás de

ella todos los días de tu vida. La tierra te producirá cardos y espinas, y comerás hierbas silvestres.

—GÉNESIS 3:17-18

Una verdad que se demuestra a sí misma

Estamos agradecidos con Dios por los conocimientos históricos de Génesis 3. Adán y Eva cayeron de su primer estado santo y sublime, al pecar y transgredir la Palabra de su Dios. Esa es una declaración de hecho. Pero incluso sin el registro inspirado, sabemos que la descendencia de esos primeros padres fueron pecadores. Es una verdad que se demuestra a sí misma. Las noticias de nuestros periódicos matutinos y las que surgen de manera instantánea en las redes sociales son prueba suficiente. El odio anda rampante por todas partes. La codicia nos rodea. El orgullo hace de las suyas; la arrogancia domina a hombres y mujeres por igual y la violencia impera en nuestra raza caída. Esos no son los únicos problemas, además están el asesinato, la guerra y una larga lista de continuas ofensas entre sí y contra Dios.

Las Escrituras nos cuentan toda la historia. No solo hemos pecado, sino que nuestra rebelión moral nos ha alejado de Dios.

A algunas personas todavía les gusta alegar por el derecho que Dios tiene de desterrar al transgresor de su presencia para siempre. Insisten en formar y mantener sus propios puntos de vista humanistas acerca de Dios. Por eso insisto, ¡quitemos algunas de esas malas hierbas!

Primero, está la vieja idea de que Jesucristo, el Hijo, difiere de Dios el Padre. La gente concibe a Cristo como un Jesús amoroso que está de nuestro lado, mientras que el Dios Padre está enojado contra nosotros. Nunca, nunca en toda la historia ha habido algo de verdad en esa noción. Cristo, como Dios, es por nosotros. El Padre, como Dios, es por nosotros. ¡El Espíritu Santo, como Dios, es por nosotros! Ese es uno de los pensamientos más grandes que podemos esperar tener. Por eso el Hijo vino a morir por nosotros. Por eso el Hijo resucitado, nuestro gran Sumo Sacerdote, está a la diestra de la Majestad en las alturas, intercediendo por nosotros.

Cristo es nuestro abogado en las alturas. El Espíritu Santo que habita en nuestros corazones es el abogado interno. No hay desacuerdo entre Padre, Hijo y Espíritu Santo acerca de la Iglesia, el cuerpo de Cristo.

Debo confesar que después de convertirme en creyente me tomó algún tiempo superar el sentimiento de que el Nuevo Testamento era un libro de amor y el Antiguo Testamento uno de juicio. Le he dedicado mucho tiempo y estudio a esa propuesta, por lo que puedo hacer un informe. ¡Usted debe saber que hay tres menciones de misericordia en el Antiguo Testamento por cada una que se encuentra en el Nuevo Testamento!

Encuentro que hay tanto registro en el Antiguo Testamento sobre la gracia y la fidelidad de Dios como en el Nuevo. Regrese claramente a Noé y encontrará el registro claro: «Pero Noé contaba con el favor [gracia] del Señor» (Génesis 6:8). El favor o la gracia es una cualidad del Antiguo Testamento. «El Señor es clemente y compasivo, lento para la ira y grande en amor» (Salmos 103:8).

Por otro lado, el juicio es una cualidad del Nuevo Testamento. Lea las palabras de Jesús en los evangelios. Lea las advertencias de Pedro. Lea la carta de Judas. Lea el Apocalipsis. En el Nuevo Testamento aprendemos en cuanto a los terribles juicios que Dios intenta traer sobre el mundo.

Dios no cambia

¿Por qué menciono estas cosas? Porque Dios es un Dios de juicio, pero también es el Dios de toda gracia. Dios siempre es el mismo. Él nunca cambiará ni vacilará. Y cuando digo Dios, me refiero a la Trinidad: Padre, Hijo y Espíritu Santo.

Sospecho que muchos predicadores y evangelistas han dejado la falsa impresión en nuestras iglesias de que Cristo se ganó a Dios y lo puso a nuestro favor al morir por nosotros. Se nos ha animado a pensar en el Padre como el Dios enojado que está con el garrote de la venganza, a punto de destruir a la humanidad pecadora. Pero de repente Jesús se apresura y recibe el golpe, permitiéndonos escapar.

¡Eso puede ser un buen drama, pero es una mala teología! He aquí la verdad del asunto. El Padre celestial amó tanto al mundo que dio a su Hijo unigénito. Fue el amor del Padre lo que envió al Hijo a nuestro mundo a morir por la humanidad. El Padre, el Hijo y el Espíritu Santo estaban en perfecto acuerdo en que el Hijo eterno debía morir por los pecados del mundo. No nos equivocamos al creer y proclamar que aun cuando el Hijo de María —Jesús— murió solo, terriblemente solo, en esa cruz, el amoroso corazón de Dios el Padre estaba tan profundamente dolido por el sufrimiento como el corazón del santo Hijo moribundo.

Debemos pedirle a nuestro Señor que nos ayude a comprender lo que significó para la Trinidad que el Hijo muriera solo en la cruz. Cuando el santo Padre tuvo que darle la espalda al Hijo moribundo por la necesidad de la justicia divina, creo que el dolor del Padre fue tan grande como el sufrimiento del Salvador al llevar nuestros pecados en su cuerpo. Cuando el soldado clavó aquella lanza romana en el costado de Jesús, creo que el dolor se sintió en el cielo.

Hay otro concepto erróneo que se ha enseñado a lo largo de los años. Se nos ha dicho que solo una persona de la Trinidad participó en el plan de redención. Pero Hebreos 9:14 nos dice que el Padre, el Hijo y el Espíritu Santo tenían parte en ello. El Padre recibió la ofrenda del Hijo por medio del Espíritu Santo. ¿Y cuál fue la ofrenda? Fue el Hijo intachable y sin pecado, ofrecido como el Cordero de Dios, sin mancha y sin tacha. El precio redentor fue pagado por el Hijo al Padre a través del Espíritu.

La aplicación personal

Tiene que haber una aplicación personal en cuanto a estas verdades. La redención ha descendido a la humanidad desde el corazón de Dios a través de su Hijo por el Espíritu Santo. Pero la salvación, para que sea eficaz, debe ser apropiada y confesada. La redención es una acción objetiva. Es algo que está fuera de nosotros.

La redención es algo que tuvo lugar en una cruz, ¡pero la salvación es algo que tiene lugar y se da a conocer dentro de nosotros! La salvación es redención apropiada por fe. Las tres personas de la Deidad continúan llamando a los perdidos a la salvación. En los evangelios leemos que Jesús comía y hablaba con los pecadores. Sabía por qué estaba allí. No estaba aprobando su maldad. Él estaba con ellos porque era su naturaleza ofrecer ayuda, perdón y salvación. Sus críticos y sus enemigos lo vieron allí y le preguntaron: «¿Qué clase de persona religiosa eres? ¿Cómo puedes comer y hablar con los pecadores?».

Nuestro Señor les dio una respuesta acertada. Les contó tres historias, que en realidad son una sola.

Jesús les habló de las noventa y nueve ovejas en el redil y de la búsqueda que tuvo que hacer el pastor cuando se le perdió una de ellas. El pastor no descansaría hasta encontrar la oveja perdida.

Jesús también les habló de la mujer que atesoraba un tesoro compuesto por diez monedas o piezas de plata. Pero una de las monedas resultó desaparecida de alguna manera, por lo que la mujer tomó una luz y una escoba, y registró la casa por todas partes. De repente, sus esfuerzos se vieron recompensados. «¡La he encontrado!», exclamó con júbilo.

Luego Jesús les habló del hombre que tenía dos hijos. Uno que, en nuestros días, diríamos que es un delincuente y otro que estaba siempre ayudando a su padre. Nunca he entendido por qué el padre le dio su parte de la herencia cuando el hijo díscolo se la pidió. Pero el padre lo hizo, y el hijo partió; al cabo de poco tiempo malgastó todo el dinero. Abandonado por sus falsos amigos, tuvo que alimentar a los cerdos en un maloliente corral para ganar algo y así poder comer. Hasta que al fin se dijo a sí mismo: «¡Qué tonto soy! Volveré a casa y seré sirviente de mi padre. Al menos tendré comida».

Todos conocemos el resto de la historia. «¡Soy indigno!», le confesó el joven a su padre. Pero este lo perdonó y lo vistió con ropas nuevas. Organizó una gran fiesta y, en medio de mucho regocijo, devolvió al hijo a su posición en la familia.

El significado de las tres historias

Leí y estudié esos tres relatos durante mucho tiempo sin estar seguro de saber lo que Jesús quiso transmitir con ellos. Revisé los comentarios y los libros de referencia; pero todavía no tenía certeza de su significado. Así que busqué a Dios solo, en oración ferviente, con el objeto de averiguar lo que estaba tratando de decirnos como raza perdida y alienada. A continuación comparto con ustedes lo que el Espíritu de Dios me enseñó. Jesús estaba tratando de aclarar el ministerio de búsqueda, interés y amor de la Trinidad, la Deidad en pleno. El chico díscolo o descarriado personificaba al mundo perdido. La oveja extraviada simbolizaba al mundo perdido. Y la pieza de plata perdida representaba al mundo perdido. La imagen que debemos ver, por tanto, es al Padre buscando al hijo perdido. El Hijo, el buen pastor, en busca de su oveja descarriada. Y el Espíritu Santo, representado por la mujer con la luz, buscando la pieza de plata perdida. Reúna estos tres relatos y tendrá la imagen del Dios Trino obrando para redimir a la raza caída. Padre, Hijo y Espíritu Santo siempre buscando el tesoro perdido.

«Por *eso* como y ando con los pecadores», decía Jesús. «Yo soy el Hijo, el Pastor, que busca a la oveja perdida. Mi padre está buscando a su hijo perdido. El Espíritu Santo está buscando la pieza de plata que se extravió».

Padre, Hijo y Espíritu Santo están unidos en la búsqueda de los perdidos. Esa es nuestra respuesta a los críticos. El Hijo de Dios entregó la ofrenda divina de su propia persona, el Espíritu Santo la transmitió y el Padre celestial la recibió. El Padre, el Hijo y el Espíritu Santo, la divina Trinidad, estaban comprometidos conjuntamente en el gran y eterno negocio de buscar y salvar a hombres y mujeres perdidos.

¡Jesús era el rostro de un solo Dios en tres Personas!

CAPÍTULO 11

JESÚS, MEDIADOR DE UN NUEVO PACTO

¿Sabía usted que Dios ha escrito un pacto completamente nuevo? ¿Y que usted estaba en él? Ese pacto ha estado vigente desde la muerte y resurrección de Jesucristo. En él se promete una herencia eterna a través del amor y la fidelidad ilimitados de Dios.

Aunque fue una transacción que tuvo lugar hace dos milenios, muchas personas siguen sin saber que Dios las ha incluido en su pacto. La Carta a los Hebreos nos proporciona todos los detalles. Jesucristo es Mediador de este nuevo pacto. Su muerte permitió a la humanidad pecadora ser perdonada y recibir una herencia eterna. Esto es lo que el escritor a los cristianos hebreos tiene que decir al respecto:

> Por eso Cristo es mediador de un nuevo pacto, para que los llamados reciban la herencia eterna prometida, ahora que él ha muerto para liberarlos de los pecados cometidos bajo el primer pacto. En el caso

de un testamento, es necesario constatar la muerte del testador ... De hecho, la ley exige que casi todo sea purificado con sangre, pues sin derramamiento de sangre no hay perdón ... En efecto, Cristo no entró en un santuario hecho por manos humanas, simple copia del verdadero santuario, sino en el cielo mismo, para presentarse ahora ante Dios en favor nuestro. Ni entró en el cielo para ofrecerse vez tras vez, como entra el sumo sacerdote en el Lugar Santísimo cada año con sangre ajena. Si así fuera, Cristo habría tenido que sufrir muchas veces desde la creación del mundo. Al contrario, ahora, al final de los tiempos, se ha presentado una sola vez y para siempre a fin de acabar con el pecado mediante el sacrificio de sí mismo. Y así como está establecido que los seres humanos mueran una sola vez, y después venga el juicio, también Cristo fue ofrecido en sacrificio una sola vez para quitar los pecados de muchos; y aparecerá por segunda vez, ya no para cargar con pecado alguno, sino para traer salvación a quienes lo esperan.

—HEBREOS 9:15-16, 22, 24-28

Esta Escritura abarca tanta instrucción y tanto significado que deberíamos retroceder y verla desde una mejor perspectiva. A veces es necesario hacer eso con las grandes pinturas. Podemos colocarnos tan cerca del lienzo que solo notamos los numerosos y pequeños detalles, viéndolos desproporcionados y hasta perdiendo por completo la perspectiva de la verdadera belleza y el significado de la pintura. Sugiero que nos alejemos de estos versículos y contemplemos con asombro la fe mientras consideramos el gran diseño de Dios.

La misteriosa relación de la sangre y la vida

Una cosa que noto de inmediato es la relación misteriosa entre la sangre y la vida. Dios había instruido a Israel sobre este vínculo. «Porque la vida de toda criatura está en la sangre. Yo mismo se la he dado a ustedes sobre el altar, para que hagan propiciación por ustedes mismos, ya que la propiciación se hace por medio de la sangre» (Levítico 17:11). Esta instrucción sobre la sangre y la expiación yacía en la esencia misma de la religión de Israel y su relación con Dios. La sangre se consideraba misteriosa y sagrada. Los israelitas no debían ingerir sangre nunca.

La segunda cosa que noto es la relación entre el pecado y la muerte. Como seres humanos, no sabemos todo lo que hay que saber sobre la muerte. Hay grupos religiosos que afirman creer en la aniquilación del alma humana y el fin de toda existencia. (Aniquilación significa retirar algo de la existencia). En el relato bíblico de la creación, Dios hizo algo de la nada. Pero no hay ningún caso en las Escrituras en el que Dios invierta el proceso de creación y llame a una cosa existente a la nada. Tampoco existe el concepto de aniquilación en la naturaleza. Es difícil, entonces, entender por qué algunas personas quieren introducir la aniquilación en el reino de Dios.

La materia se puede modificar y, en efecto, lo hace con regularidad. Pero la materia no se puede aniquilar. Si enciendo una cerilla de madera y dejo que se reduzca a cenizas, puedo pellizcar la ceniza restante que deja una mancha en mis dedos, pero no he aniquilado los elementos que estaban en esa cerilla. Simplemente cambiaron de forma. Parte del fósforo se convirtió en humo mientras otra parte se convirtió en cenizas. La parte que se volvió en humo sigue teniendo una forma invisible en la atmósfera.

Solo un cambio de residencia

El alma viviente dentro de cada uno de nosotros no puede estar sujeta a la aniquilación nunca. Solo hay un cambio de residencia en el momento del fallecimiento. El alma cambiará de ubicación, pero nunca dejará de ser. Ese es el meollo de la enseñanza bíblica acerca del valor y la naturaleza infinita del alma humana inspirada por Dios.

Considere esta situación humana, una que muchos de nosotros hemos presenciado en uno u otro momento. Una madre sostiene amorosamente a un pequeño bebé en sus brazos, un bebé que está vivo, alerta, sano, al que arrulla con ternura. Entonces, de repente, ¡ocurre una tragedia! Una enfermedad grave ataca al pequeño bebé. La madre sostiene la fórmula infantil en sus brazos, pero el chico sigue llorando de dolor. Hasta que llega la muerte y le roba el objeto de su afecto.

A esa tragedia le ha de seguir un breve, amoroso y doloroso servicio funeral. En el pequeño ataúd, el bebé sin vida parece un inmóvil ángel resplandeciente.

¿Qué ha sucedido?

¿Aniquilación?

¡No! Ha habido un cambio de forma y existencia; para los padres, un cambio impactante. El alma dentro de ese bebé, la mente activa, la inteligencia, los arrullos y la risa, todo parece haber fallecido. El cuerpo sin vida será depositado tiernamente en la tierra, donde al fin volverá al polvo. Pero esa alma viviente e individual no será aniquilada. ¡Nunca! El alma ha cambiado su lugar de existencia, pero no ha dejado de ser.

La muerte tiene dos formas

Me sorprende la cantidad de personas que parecen no saber que la Biblia habla de dos modalidades de muerte. Creemos en la Biblia cuando afirma que la muerte física es la realidad que enfrenta cada individuo nacido en el mundo. Pero también hay una condición muy evidente entre nosotros que se describe como muerte espiritual. Remontamos eso al huerto del Edén y la advertencia que Dios les hizo a nuestros primeros padres: «Y le dio este mandato: Puedes comer de todos los árboles del jardín, pero del árbol del conocimiento del bien y del mal no deberás comer. El día que de él comas, ciertamente morirás» (Génesis 2:16-17). Adán y Eva no hicieron caso de la advertencia, al contrario, comieron del fruto prohibido. Sin embargo, el día que transgredieron la ley de Dios en clara desobediencia y obstinación, murieron espiritualmente.

La muerte no es aniquilación. La muerte no es el cese de la existencia. La muerte es una relación mutada o modificada en una forma diferente de existencia.

Cuando Satanás, una creación de Dios, se rebeló con orgullo y desobediencia, con su actuación lo que estaba diciendo fue: «¡Me levantaré y pondré mi trono sobre el trono de Dios!». Y allí mismo, en el acto, Satanás murió. Pero no dejó de existir. Dios lo expulsó del cielo y de la comunión con él. Lo arrojó a la tierra. Y después de todos estos siglos, Satanás todavía está por aquí. No fue aniquilado y su juicio eterno aún está por llegar. Hombres y mujeres tratan de ignorar el hecho de la muerte espiritual. Las Escrituras no lo ignoran. Pablo, en referencia a las viudas, hace un comentario clásico de una oración sobre el tema. Respecto a la mujer, el apóstol declara: «En cambio, la viuda que se entrega al placer ya está muerta en vida» (1 Timoteo 5:6). La viuda no muere físicamente, pero en el aspecto espiritual se separa de Dios. Su forma de existencia llega a un punto tal que no sigue relacionada con Dios, sino que se separa de él.

El apóstol también nos advierte que la muerte es una de las terribles consecuencias del pecado. El pecado vino al mundo y trajo consigo la muerte. El alma que pecare, morirá. Así lo declara la Biblia.

El pecado termina en muerte

Otra cosa que vemos en la escritura a los Hebreos citada anteriormente es que Dios tiene una forma muy sencilla de lidiar con el pecado. ¡Dios termina con el pecado mediante la muerte! Vivía en Chicago cuando perseguían al famoso gánster y asesino, John Dillinger. La policía imprimió muchas fotografías de Dillinger con advertencias sobre la violencia con las armas, cosa que lo caracterizaba. Siempre se le mostraba con una sonrisa cínica y sarcástica en su rostro. Pero la última imagen que se vio de él indicaba que había dejado de pecar. Yacía acostado de espaldas, con los pies hacia arriba. Estaba cubierto con una sábana. Dillinger estaba muerto.

El pecado termina en muerte. Cuando una persona muere, no peca más. Esa es la forma en que Dios pone fin al pecado. Deja que la muerte termine con él.

La Palabra de Dios deja en claro que la vida afectada y manchada por el pecado es una vida perdida. El alma que pecare, morirá. Lo maravilloso que nunca entenderemos del todo es que Dios quería salvar nuestras vidas perdidas. De modo que permitió que la sangre del divino Salvador se ofreciera a nuestro favor. Note que debe haber una expiación de sangre puesto que esta y la vida tienen una relación vital y misteriosa.

La sangre de Jesucristo tiene un valor infinito. Por otra parte, el derramamiento de sangre indica el fin de la vida. Debido a que la sangre de Jesucristo, el Hijo eterno, el Cordero de Dios, fue derramada, nuestros actos pecaminosos pueden ser perdonados.

Necesitamos darle a esta verdad espiritual toda la reverencia y consideración que se merece. ¿Hablamos demasiado libremente sobre el precio de nuestra redención? Confieso que me estremezco un poco cuando escucho a alguien hablar de que Cristo está pagando nuestra deuda, comprándonos. A veces hacemos que parezca nada más que una simple transacción comercial. Pero no me gusta pensar en Dios redimiéndonos de la manera en que podríamos redimir una vaca o un caballo en alguna feria de ganado. En el plan de Dios para redimirnos hay algo más elevado y sacro, más tierno y hermoso.

En el Antiguo Testamento, los sacrificios, las ofrendas y la sangre derramada de los animales eran eficaces en cuanto al simbolismo ritual. Pero la muerte de Jesucristo fue efectiva real y eternamente. (*Eficaz* es una palabra que a los teólogos les gusta usar; simplemente significa que funciona. Es eficaz. Uno puede contar con ello). Cuando Jesús derramó su sangre en el Calvario, garantizó la redención eterna a todos los que pusieran su confianza en él.

La sangre y la vida son una. Cuando se derramó la sangre, cuando murió Jesucristo, el Hijo eterno, su muerte se hizo vicaria. (*Vicaria* es otra palabra que necesita una breve explicación. Un acto vicario es aquel realizado en nombre de otra persona. Cuando Jesús murió en el Calvario, lo que hizo fue una muerte vicaria. Jesús murió en nombre de todos nosotros, el inocente por los culpables).

La muerte expiatoria y vicaria de Jesucristo por la humanidad pecadora es el fundamento mismo de la fe cristiana. Para aquellos que piensan que pueden encontrar un camino mejor que el de Dios, esto no es una enseñanza popular ni agradable. Pero no hay otra forma. Jesús es el *único* camino.

Si usted es un cristiano, un creyente confiado y gozoso, no permita nunca que nadie le robe esta seguridad y este consuelo. No permita que nadie edite o cambie esta verdad básica, tratando de hacerla más aceptable para la filosofía, la literatura, el arte o la religión. Dejemos que esta maravillosa verdad se mantenga erguida en su belleza y mantenga su eficacia. Cristo murió y, al dar su vida, ¡murió vicariamente!

La santidad y la justicia de Dios son satisfechas

En la muerte expiatoria de Cristo, la santidad y la justicia de Dios quedaron satisfechas. Dios ya no tiene nada contra nosotros, porque hemos acudido a él con fe. Hemos invocado como mérito nuestro solo la muerte vicaria y eficaz de nuestro Salvador y Señor. Y puesto que hemos creído, sabemos que el poder de la muerte está destruido.

El autor de la Epístola a los Hebreos nos asegura que Jesús se ha convertido en el mediador —el ejecutor— del nuevo pacto, un nuevo pacto a través de la gracia y la misericordia de Dios. La palabra *mediador* proviene del verbo «mediar». Un mediador es alguien que se interpone entre dos partidos o dos facciones que necesitan reconciliarse.

La Biblia nos permite saber cuán lejos está la humanidad pecadora de nuestro Dios santo. El pecado ha cavado un vasto abismo de separación. Pero Cristo se convirtió en Mediador. Al entregarse a sí mismo en la muerte, se interpone entre Dios y los pecadores. Nos muestra que con su muerte ha hecho efectivo el pacto de Dios, la voluntad de Dios.

Ese contrato en el que ha entrado Dios garantiza la reconciliación. ¡Estamos reconciliados con Dios! La nueva y bondadosa voluntad de Dios, su contrato, su pacto, garantiza el perdón. Podemos ser restaurados por fe en la familia de Dios.

La muerte hizo efectivo el pacto

Permítame compartir con usted otra observación sencilla en concepto, pero profunda en el contexto de nuestra herencia divina. Mientras el Señor Jesús viviera, el nuevo pacto y la voluntad de Dios para nosotros no podrían hacerse efectivos. Ese pacto se hizo efectivo de inmediato en el instante en que Cristo murió. La muerte del Testador trajo perdón inmediato, perdón, limpieza, comunión, todo ello junto con la promesa de la vida eterna. Tal es el legado abundante y perdurable que ha llegado por fe a los creyentes —e hijos de Dios— como resultado de la muerte de Jesús en el Calvario.

Quiero concluir señalando algo que le parecerá extraño a cualquier ser humano, a cualquier mortal. Ningún hombre murió para hacer válido su pacto y luego volvió a la tierra como albacea de este. Ninguno. Nadie. Otra persona siempre actúa como albacea y administrador del patrimonio que un testador deja.

Sin embargo, lo que ningún mortal ha hecho lo logró a cabalidad Jesucristo, el eterno Hijo de Dios, nuestro Hombre en gloria. Él alcanzó esta clase de divina administración, gestión que es duradera y beneficiosa. Jesús murió para activar los términos del pacto a favor de todos sus beneficiarios; Jesús resucitó victorioso de la tumba para administrar el pacto. ¿No es eso hermoso? Jesús no entregó la gestión del pacto de Dios a otra persona para que lo administrara. Él mismo se convirtió en el Administrador. Muchas veces declaró: «Volveré. ¡Resucitaré al tercer día!». Y regresó de entre los muertos. Se levantó al tercer día. Y ahora vive con el fin de llevar a cabo todos los términos de su pacto con su pueblo.

Debemos seguir confiando en este Hombre que ahora es nuestro gran Sumo Sacerdote en los cielos. No hay un solo argumento en la teología liberal lo suficientemente fuerte como para apartarnos de nuestra fe. Tenemos una esperanza viva en este mundo, y esa esperanza viva es igualmente válida para el mundo venidero, en el que tenemos a Jesús, nuestro Hombre en gloria, trabajando a favor de nosotros.

Oh sí. Debo decirle exactamente quién es nombrado en el nuevo pacto de Dios.

La respuesta es: el que responde a Cristo y a su invitación. *Quienquiera*. «Quienquiera que sea puede disfrutar de ese pacto gratis». Amén.

CAPÍTULO 12

JESÚS, CUMPLIMIENTO DE LA SOMBRA

Imagínese conmigo a una ama de casa, que además es una cocinera muy competente, preparando su comedor para los invitados. Ha puesto la mesa cubierta con un hermoso mantel, su mejor vajilla y los cubiertos de plata, todo muy bien colocado. A todo ello agrega un arreglo de flores hermoso, un delicado complemento floral a la comida que suponemos llegará pronto.

Sin embargo, en vez de una fuente llena de una humeante y exquisita ternera y unos platos con puré de papas al vapor y otras verduras que habíamos anticipado, ella trae una simple barra de pan a la mesa. La pone boca abajo sobre el mantel, colocando una luz fuerte detrás de él para que la barra de pan arroje su sombra característica sobre la mesa. Tendríamos más razones para cuestionar la cordura de la mujer si en ese momento llamara a la familia y los invitados a la mesa, anunciando alegremente: «La sombra del pan está lista. ¡Pueden venir!».

Antes de intentar dar una aplicación espiritual de ese escenario improbable, considere la manera en que el escritor de Hebreos describe la gran diferencia entre la «sombra» del Antiguo Testamento en la ley y la realidad de la gloria de Dios en la persona de Jesucristo, nuestro Salvador y Señor:

La ley es solo una sombra de los bienes venideros, y no la presencia misma de estas realidades. Por eso nunca puede, mediante los mismos sacrificios que se ofrecen sin cesar año tras año, hacer perfectos a los que adoran. De otra manera, ¿no habrían dejado ya de hacerse sacrificios? Pues los que rinden culto, purificados de una vez por todas, ya no se habrían sentido culpables de pecado ...
Luego añadió: «Aquí me tienes: He venido a hacer tu voluntad». Así quitó lo primero para establecer lo segundo. Y en virtud de esa voluntad somos santificados mediante el sacrificio del cuerpo de Jesucristo, ofrecido una vez y para siempre ... Pero este sacerdote, después de ofrecer por los pecados un solo sacrificio para siempre, se sentó a la derecha de Dios.

—HEBREOS 10:1-2, 9-10, 12

El escritor inspirado es claramente insistente en su esfuerzo por contrastar completamente los rituales, tipos o sombras del Antiguo Testamento con las perfecciones de la gracia, la misericordia y el amor que se encuentran en la radiante y eterna persona de Jesús, el Cristo. Este es un pasaje serio y aleccionador de las Escrituras, puesto que trata de la esperanza y la gloria de la raza humana.

Sombra versus realidad

La economía del Antiguo Testamento, la ley de Moisés, el sacerdocio de los hombres imperfectos y la ofrenda de sacrificios por el pecado, todo eso fue designado por Dios para un tiempo determinado. Representaban algo así como una sombra o un tipo de las mejores cosas, la realidad por venir. Los rituales del Antiguo Testamento contenían la tipología significativa del Mesías Redentor prometido. El escritor nos dice que la verdadera Luz de Dios había caído sobre la persona de Jesús, el Hijo eterno. La sombra proyectada por esa luz y esa Persona constituyeron la economía temporal del Antiguo Testamento.

Conocemos muy bien la imposibilidad que tiene la sombra de intentar sobrevivir. La sombra no se puede concretar. La sombra ha sido proyectada por la luz, pero no tiene ser ni esencia propia. Si usted necesita alimento, la sombra de una barra de pan no le sirve de nada. No le proporcionará comida. Usted seguirá con su hambre. Lo más probable es que diga algo como lo que sigue: «Ya he tenido suficiente con esta sombra. ¡Tráeme la hogaza de pan para que pueda comer y quedar satisfecho!».

De modo que, en aquellos tiempos del Antiguo Testamento, la sombra de las cosas buenas por venir no era suficiente. Los hombres y mujeres con quienes Dios estaba tratando tenían que vivir esperando con fe la mejor promesa, la mejor esperanza, la realidad venidera. Esta es la gloria y el gozo implícitos en la Epístola a los Hebreos. Jesús ha venido para ser Salvador, Mesías y Señor. ¡La realidad de Dios ha llegado! La sombra se ha cumplido. El resplandor de la gloria de Dios en la persona de Jesucristo ha dejado sin efecto la sombra.

Cuando encontramos que hay cierta repetición en las páginas de nuestra Biblia como lo vemos en estos primeros capítulos de Hebreos, sabemos que hay un propósito detrás de ello. Como creyentes redimidos, hemos aprendido a confiar en la sabiduría divina y en la dirección del Espíritu Santo de Dios. El Espíritu sabe que no captamos rápidamente la verdad divina. Debemos leerla o escucharla más de una vez. El método de instrucción de Dios se resume en las palabras que el profeta Isaías expuso: «Mandamiento tras mandamiento, mandato sobre mandato, renglón tras renglón, línea sobre línea, un poquito allí, otro poquito allá» (Isaías 28:10 RVR60), y es un método válido hasta que hayamos recibido, aprendido y puesto en práctica la enseñanza impartida.

En este proceso de aprendizaje, Dios tiene algunos problemas con nosotros. Uno de ellos es que nos aburrimos. Por dicha para nosotros, Dios es fiel y persistente. No está dispuesto a dejarnos ir. Él sigue diciéndonos que continuemos aprendiendo, que sigamos creyendo, que sigamos regocijándonos en su Palabra. Él es Dios, por lo que podemos confiar en él mientras nos guíe y nos revele su voluntad.

Ahora bien, hablo de Dios con reverencia —pero con franqueza— cuando me refiero a que él se cansó de esos rituales y sacrificios del Antiguo Testamento. No es posible que la sangre de unos toros y unos machos cabríos pueda limpiar el pecado. El propio Dios dice lo mismo a través del profeta Isaías:

¿De qué me sirven sus muchos sacrificios? —dice el Señor—. Harto estoy de holocaustos de carneros y de la grasa de animales engordados; la sangre de toros, corderos y cabras no me complace. ¿Por qué vienen a presentarse ante mí? ¿Quién les mandó traer animales para que pisotearan mis atrios?

—Isaías 1:11-12

Nuestros corazones deben estar en sintonía con Dios

En efecto, Isaías le estaba diciendo al pueblo de Israel lo que sigue: «¡Dios se cansa de sus sacrificios y de sus ofrendas cuando sus corazones y sus mentes no están en sintonía con él!». Es probable que, si fuéramos lo suficientemente reflexivos y coherentes, este mismo mensaje nos haría considerar y reevaluar lo que pensamos en cuanto a las cosas de Dios. Suponemos que estamos impresionando a Dios al asistir a las megaiglesias más reconocidas del país, al seguir a los predicadores famosos y al oír las profecías más recientes del profeta que esté de moda. Es probable que Dios todavía esté preguntando: «¿Quién te dijo que hicieras eso? Cuando te presentas ante mí, ¿te he pedido algo de eso que haces? ¡No me traigas más ofrendas vanas!».

Dios se aburre con los sacrificios y las ofrendas que se repiten interminablemente y que no tienen sentido. Él impuso esos rituales y sacrificios en Israel, pero solo como medidas temporales para cubrir el pecado hasta que llegara el Mesías Redentor. Cuando Israel ya no adoraba verdaderamente a Dios y menospreció la importancia del perdón y la obediencia, Dios dijo: «No puedo soportar los sacrificios vanos que haces. Aborrezco tus rituales y tus fiestas. Son un problema para mí. Estoy cansado de ellos».

Por último y finalmente, vino la palabra del Hijo eterno, repetida en Hebreos 10:5-7:

> A ti no te complacen sacrificios ni ofrendas; en su lugar, me preparaste un cuerpo; no te agradaron ni holocaustos ni sacrificios por el pecado. Por eso dije: «Aquí me tienes —como el libro dice de mí—. He venido, oh Dios, a hacer tu voluntad».

Este no puede ser otro que Jesús, el Hijo eterno, el Cordero de Dios inmolado desde la fundación del mundo. El que vino para llevar a cabo el plan bondadoso y redentor de Dios. Así es que «en virtud de esa voluntad [de Dios] somos santificados mediante el sacrificio del cuerpo de Jesucristo, ofrecido una vez y para siempre» (10:10).

¿Qué hemos hecho con este mensaje?

¿Hemos aceptado, en realidad, esta palabra del propio Dios? Soy de la opinión de que gran parte de nuestro ritual y liturgia cristianos no llega a comprender su significado básico. He escuchado las grandes interpretaciones musicales de Bach, Beethoven, Handel y otros. La música escrita para su uso en servicios como la misa es sublime y el lenguaje hermoso. Pero no puedo escapar a la sensación de que falta algo. Oraciones y llamamientos como los siguientes: «¡Señor, ten piedad!», «¡Cristo, ten piedad!» se expresan una y otra vez. El hombre en su afán por llenar el vacío inherente a su alma, intenta y sigue intentando llenarlo con lo que sea.

¿Será que esas oraciones, esos llamados a Dios por misericordia, no son más que la sombra de la verdad? ¿Estas súplicas no se acercan nunca a la realidad de la fe salvadora ni a la seguridad confiada en la promesa y la provisión de Dios? Debe llegar un momento en que la petición se haga realidad y gritemos: «¡Está hecho! ¡La gran transacción está hecha! ¡Yo soy de mi Señor y él es mío!».

Tiene que haber un momento y un lugar en el que nos regocijemos con fe porque somos perdonados, porque hemos nacido de nuevo, porque Dios ha cumplido su plan. Allí mismo clavamos una estaca y decimos: «¡Gracias, Señor! Soy perdonado. Estoy limpio. Estoy absuelto. Soy una persona nueva, nacida del espíritu. Ahora ponme a trabajar. Estoy listo para testificar de tus maravillas y tus proezas».

Confieso que en verdad me entristece ver esas multitudes que atraviesan la gran puerta del cristianismo dominical que no conocen nada más allá de sus quejumbrosos y continuos esfuerzos por ser perdonados y encontrar misericordia. Deben llegar al momento en que experimenten un verdadero encuentro con Jesucristo, cuando puedan extender sus manos hacia el cielo y decir con fe triunfante: «¡Consumado es! Soy redimido por la sangre del Cordero».

Sustancia, no sombra

Este es el contraste entre ley y gracia. En los tiempos del Antiguo Testamento, cada sacerdote ministraba diariamente, ofreciendo los mismos sacrificios que no podían quitar el pecado. Sacrificios sin efectos duraderos, tenían que ofrecerse periódicamente. Luego vino la revelación del nuevo pacto y el sacrificio eterno, de una vez por todas, el sacrificio de Jesucristo; sacrificio acompañado por la seguridad del perdón absoluto:

> Pero este sacerdote, después de ofrecer por los pecados un solo sacrificio para siempre, se sentó a la derecha de Dios, en espera de que sus enemigos sean puestos por estrado de sus pies. Porque con un solo sacrificio ha hecho perfectos para siempre a los que está santificando ... Así que, hermanos, mediante la sangre de Jesús, tenemos plena libertad para entrar en el Lugar Santísimo, por el camino nuevo

y vivo que él nos ha abierto a través de la cortina, es decir, a través de su cuerpo; y tenemos además un gran sacerdote al frente de la familia de Dios. Acerquémonos, pues, a Dios con corazón sincero y con la plena seguridad que da la fe, interiormente purificados de una conciencia culpable y exteriormente lavados con agua pura.

—HEBREOS 10:12-14, 19-22

¿Dónde podríamos encontrar una imagen con más gracia en cuanto a los privilegios que pertenecen a los creyentes y santificados hijos de Dios? ¡Note que se nos ha proporcionado un camino consagrado a la presencia misma de Dios! Qué contraste con la imagen del Antiguo Testamento de nuestros primeros padres cuando pecaron y fracasaron en el huerto del Edén. Dios tuvo que decirles: «¡Levántense y salgan!». Al dejar ese hermoso huerto y la presencia de Dios, este colocó «querubines y una espada encendida que se revolvía en todos los sentidos para guardar el camino del árbol de la vida» (Génesis 3:24).

Fue el comienzo de las pruebas y los dolores para la humanidad, representada entonces por Adán y Eva. Nunca podrían regresar a ese paraíso que habían menospreciado. En lo personal, he sentido que toda la humanidad alberga el anhelo de volver a la presencia de Dios, de regresar a ese Edén. No quiero decir que todos los que lo desean quieran ser cristianos. Demasiados de ellos están satisfechos con el mundo, la carne y el diablo. Pero cuando usted llega a conocer realmente al ser humano, a menudo halla un anhelo nostálgico, un deseo probablemente no identificado, de saber qué significó para Adán y para Eva poder vivir contentos en la presencia de su Dios y Creador.

En todo ello vemos el efecto enceguecedor del pecado. Los hombres y las mujeres realmente no quieren ser buenos. No quieren someterse a la voluntad de Dios. Sin embargo, el anhelo por esa Presencia todavía está en el interior de cada uno de ellos.

No obstante, sin ayuda nadie ha podido encontrar el camino de regreso a ese lugar maravilloso. Hombres y mujeres de todas partes lo han intentado. Se dice que en la India hay miles de dioses, suficientes para que cada persona tenga cientos de ellos. ¿Dónde está la tribu o nación sin algún dios a quien adorar o apaciguar? Pero la búsqueda de un camino de regreso al Edén siempre ha llevado a una decepción más intensa, a ampliar más el vacío del alma.

Jesús, sin embargo, vino a vivir entre la humanidad para mostrarnos la manera de llenar ese vacío. El registro inspirado lo expresa muy bien: «Por eso dije: Aquí me tienes —como el libro dice de mí—. He venido, oh Dios, a hacer tu voluntad» (Hebreos 10:7). Después de su muerte y su resurrección, el Señor Jesucristo abrió un camino nuevo y consagrado de regreso a la presencia de Dios. Abrió el camino como nuestro divino Mediador. A través de la fe en él, todos los que anhelan entrar de nuevo en la presencia misma de Dios pueden hacerlo. Allí, en esa Presencia, Jesús es nuestro gran Sumo Sacerdote y Mediador. Debido a que usa nuestra naturaleza humana, nos da la bienvenida a nosotros, sus hermanos y hermanas, para compartir su posición en los cielos. Él es nuestro Hombre en gloria.

Jesús tomó nuestra culpa, pero...

En este contexto debemos considerar nuestra justificación y nuestra aceptación por el Dios vivo y santo. Al conocer nuestra fe cristiana entendemos que Dios cargó sobre Cristo la iniquidad de todos nosotros. Los teólogos le dan un nombre a eso, lo llaman «transferencia de culpa» y creo lo que dice la Biblia al respecto.

En muchos círculos eclesiásticos de hoy escuchamos acerca de las cualidades «automáticas» asociadas al cristianismo. A toda una generación se le está enseñando que la profesión de fe en Cristo trae justicia automática, perdón automático, vida eterna automática entre otras cosas. Argumentan diciendo que «Jesús ha hecho todo lo necesario»; y en base a ello afirman que «Todo lo que tienes que hacer es decir que crees. ¡Cree y sé justificado! ¡Cree y serás aceptado como justo!».

Esta idea de transferir automáticamente la culpa del pecador a Cristo es algo vaga como para entenderla bien. Lo que quieren decir con eso es que uno puede ser tan vil como el interior de una cloaca maloliente y sucia pero, al creer en Cristo, el Señor le arroja a uno un manto de justicia mediante el cual soy aceptado por Dios al instante como perfectamente puro. Sin embargo, mi conclusión es que un Dios santo tendría que contradecirse a sí mismo para realizar una operación como esa.

¿Cómo justifica Dios a una persona pecadora? Lo hace tomando la naturaleza del pecador en Cristo, que es el único perfecto y justo. Su justicia, a la vez, se imputa al pecador. Algunos maestros defenderán únicamente la impartición judicial de la justicia. Pero cuando la naturaleza del pecador se incorpora a la naturaleza misma de Cristo por la fe, la justicia de Cristo se convierte en parte de la naturaleza del antiguo pecador.

Permítame decirlo de otra manera. Dudo mucho que exista algo en la mente de Dios como la justificación sin regeneración, una nueva vida con Dios impartida al pecador. Es la regeneración lo que nos une a la naturaleza de Cristo. Jesús, como justo que es, nos imparte la nueva vida de Dios a partir de su propia naturaleza, por lo que Dios se satisface.

En ese sentido, la idea de la transferencia de culpa es acertada. Pero llevamos el concepto demasiado lejos hasta convertirlo en algo puramente mecánico, como una simple transacción comercial. Sin embargo, debe haber un compromiso vital y constante. La justicia se imputa al pecador redimido que está unido a Cristo. No se imputa al pecador que simplemente se queda afuera y recibe una notificación judicial de que ha sido «consagrado».

Esto agrega algo de luz al tema. Como creyentes, somos aceptados *en* el Hijo amado por efecto del sacrificio de Cristo. Ninguna otra cosa nos hace aceptos a él que ese sacrificio redentor.

Dios es nuestro refugio

Los creyentes tenemos otro privilegio. Hemos visto que tenemos el derecho moral de acercarnos a Dios, a su presencia. Somos aceptados por él debido a Cristo Jesús. Pero también tenemos derecho a refugiarnos en Dios y estar a salvo. Ese también es nuestro privilegio porque Jesús, nuestro gran Sumo Sacerdote, nos representa perfectamente a la diestra de Dios. Cuando estamos unidos a Cristo, nadie puede quitarnos ese derecho y ese privilegio. ¡Estamos a salvo! ¡Estamos a salvo! Se citó a alguien diciendo: «No quiero esconderme de la vida. Quiero afrontar la vida todos los días». Conociendo la naturaleza de la humanidad, llamaría a ese discurso audaz y valiente.

Cuando la temperatura invernal está cincuenta grados por debajo de cero, es valiente y atrevido decir: «No quiero esconderme del frío. ¡Quiero enfrentarlo, tenga la ropa adecuada o no!». Cuando nos enfrentamos a las abrasivas tormentas de la vida, es ridículo decir: «No quiero un escondite. Me enfrentaré a las tormentas».

De lo que nos estamos escondiendo no es de la vida. Nos estamos escondiendo de un mundo pecaminoso, de un diablo siniestro, de una tentación cruel. Nos estamos escondiendo en el único refugio que hay para ocultarnos: en Dios. Es nuestro derecho y nuestro privilegio conocer la seguridad perfecta que él ha prometido.

El hijo de Dios que confía está a salvo en Jesucristo. Cuando los corderos están a salvo en el redil, el lobo puede gruñir y rumiar afuera, pero no puede entrar en el redil. Cuando el hijo de Dios entra en la casa del Padre, el enemigo de su alma puede rugir y amenazar, pero no puede entrar. ¡Tal refugio es nuestro mayor privilegio!

Jesús es suficiente

En términos del Antiguo Testamento, la sombra de la realidad, Dios prometió que cubriría el pecado de su pueblo. En el pacto del Nuevo Testamento, Dios declara que quitará nuestro pecado para siempre. ¡Esto es algo muy diferente! «Cristo fue ofrecido en sacrificio una sola vez para quitar los pecados de muchos; y aparecerá por segunda vez, ya no para cargar con pecado alguno, sino para traer salvación a quienes lo esperan» (Hebreos 9:28).

Dios eligió a ocho y quizás nueve escritores para que nos proporcionaran el Nuevo Testamento. Estas Escrituras inspiradas coinciden en que las sombras simbólicas del Antiguo Testamento han dado paso al nuevo pacto de gracia y perdón mediado por Jesucristo, que murió y resucitó. Reflexionamos con gratitud y amor por su muerte expiatoria en el Calvario. Esperamos con esperanza y expectativa su segunda venida.

Todo esto se suma al hecho de que Jesucristo es suficiente para todas nuestras necesidades. Él es nuestro gran Sumo Sacerdote e intercesor en el cielo. Él es el digno Cordero de Dios, inmolado desde la fundación del mundo. Por su sangre ha consagrado para siempre el camino a la presencia de Dios. Él es nuestro Hombre en gloria.

¡Refugiémonos agradecidos en él y estaremos seguros!

ACERCA DEL AUTOR

A.W. TOZER (1897-1963) fue un teólogo autodidacta que recibió dos doctorados honorarios y pastoreó varias congregaciones, incluyendo Southside Alliance Church, en Chicago, por 31 años. Es el autor del clásico espiritual *La búsqueda de Dios por el hombre, Mi búsqueda diaria, Los atributos de Dios vol. 1 y 2*. Tozer y su esposa Ada, tuvieron siete hijos, seis varones y una niña.

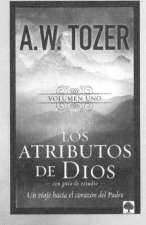

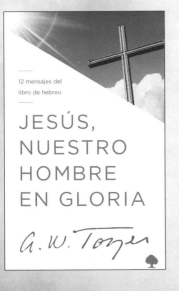

Te invitamos a que visites nuestra página web, donde podrás apreciar la pasión por la publicación de libros y Biblias:

www.casacreacion.com

f @CASACREACION

🐦 @CASACREACION

📷 @CASACREACION

Para vivir la Palabra